Schlobinski · BERLINER WÖRTERBUCH

Peter Schlobinski

# BERLINER WÖRTERBUCH

## Der aktuelle Sprachschatz des Berliners

arani

ISBN 3-7605-8640-6

2., überarbeitete und ergänzte Auflage.

Printed in Germany
Druck: Color Druck Dorfi, Berlin
Buchbinderische Verarbeitung: Heinz Stein, Berlin

**Inhalt**

Das vorliegende „Berliner Wörterbuch” hätte nicht ohne die zahlreichen Berliner geschrieben werden können, die in Zeitungsumfragen, Fragebogenaktionen, Interviews und Rundfunksendungen aktiv an der Entstehung dieses Buches mitgewirkt haben. Ihnen allen sei an dieser Stelle für die Unterstützung und Mitarbeit gedankt. Nicht zu vergessen sind auch die klassischen Arbeiten zum Wortschatz des Berliners von Trachsel (1873) und Hans Meyer (1878), die die Grundlagen eines jeden Berliner Wörterbuches darstellen. Mein besonderer Dank gilt meiner Frau Evelin Schlobinski und meinem Vater Walter Schlobinski sowie Helmut Schönfeld, Ulrike Kalschnee und Olaf Eckert für ihre Hinweise und Anregungen.

## Einleitung

*Ungeschriebene Sprache des Alltags! Schriebe sie doch mal einer! Genau so, wie sie gesprochen wird: ohne Verkürzung, ohne Beschönigung, ohne Schminke und Puder, nicht zurechtgemacht! Man sollte mitstenographieren!*

*Kurt Tucholsky*

Auch wenn es dem Leser vielleicht nostalgisch erscheint, so muß am Anfang eines Berliner Wörterbuches auf das vielzitierte Urteil über die sprichwörtliche „Berliner Schnauze" verwiesen werden, die nämlich nicht nur von Berlinern, sondern ebenso von „Auswärtigen", von „Wessis" als „berühmt, berüchtigt und gefürchtet" charakterisiert wird. Berühmt, weil die Berliner Schnauze berüchtigt ist und dies wiederum, weil sie gefürchtet wird.

„Gefürchtet vom wem?", fragte mich einmal ein Engländer, dessen Schwarzer Humor den trocken plazierten Pointen eines schlagfertigen Berliners in nichts nachstand. Zum Glück sprach Mr. Brown ein gepflegtes Deutsch, so daß er mein Pidgin-Englisch nicht ertragen mußte, als ich ihm eine Anekdote von Hugo Hillmann erzählte, einem Berliner Taxifahrer, der zu den interessantesten Menschen zählt, denen ich in meinem Leben bisher begegnet bin. Hugo Hillmann erzählte mir also folgende Story, die ich meinerseits Mr. Brown zum Besten gab.

„Stell dir mal vor", sprach Hugo Hillmann mich mit gedämpfter Stimme an, „ick muß ja ooch 'ne Strafe bezahl'n beim Finanzamt."

„Ja? wieso'n das?", fragte ich etwas erstaunt zurück, „'ne Ordnungsstrafe", entgegnete er kurz und trocken. Er wollte mich wohl auf die Folter spannen! Jedenfalls hakte ich ungeduldig nach: „Warum denn?"

„Na ja", fuhr er fort, „bin hinjefahr'n und hab jefragt, warum die den Lohnsteuerjahresausgleich noch nicht fertig ham nach 'm halben Jahr. Ick will mit meine Enkelkinder in Urlaub fahr'n. ‚Na ja', sagt der, ‚wird doch überwiesen.' Ick sage: ‚Dit spielt doch keene Rolle, ob dit überwiesen wird oder nich. Denn Ende September', sag ick, ‚kann ich ja keenen Einspruch mehr erheben.' Weil ick ja vorjet Jahr Einspruch erhoben hatte, wa, da hab ick nachher beinah nochmal ditselbe jekriegt wie vorher!"

„Tatsächlich?", fragte ich mit Skepsis in der Stimme.

„Mhm", bestätigte er und machte eine kurze Pause. „Nu hab ick jesacht, na ja, werd ick mal dieset Jahr frühzeitig machen, damit de wieder Einspruch erheben kannst und wenn ick denn wieder wat krieje, dann laß ick dit inne Zeitung setzen, denn seh ick nämlich daran, daß die bewußt die Bevölkerung über't Ohr hau'n. - Na ja, nu hab ick dem da'n Glas Schnecken jeschickt."

„Was geschickt?", platzte ich dazwischen, um im selben Augenblick zu begreifen.

„Schnecken. Hab ick noch'n Zettel ranjeschrie'm, die möchten vorsichtig sein, daß se von de Schnecken nich während der Arbeitszeit überholt werden."

Wie sachkundige Kreise der Oberfinanzdirektion verlauten lassen, sollen seitdem in den Kantinen der Berliner Finanzämter regelmäßig Weinbergschnecken angeboten werden. Dies erinnert mich an eine andere Geschichte, in der zwar nicht Weinbergschnecken, aber ebenfalls kulinarische Spezialitäten, bzw. das, „wat Feinschmecker is oder so wat", eine nicht unerhebliche Rolle spielen. Wie jeder Berliner ziehe auch ich den Einkauf in einem Tante-Emma-Laden dem Wareneinsammeln im Supermarkt vor. Während in jenem das Gespräch sich auf „37,50. - Bitte. - Danke." und vielleicht noch ein „Auf Wiederseh'n!" reduziert, bildet der Tante-Emma-Laden eine ökologische Nische im Kommunikationssystem, ein Biotop der Kommunikation sozusagen. Als ich neulich wieder einmal in meinem kleinen Laden einkaufen ging, wurde ich Zeuge eines Gesprächs zwischen der zierlichen, mir wohlbekannten Verkäuferin, Frau Meyer, und einem Kunden, der sie um zwei Haupteslängen überragte.

„Sind Se schon mal in KaDeWe drin jewesen? Ham Se da schon mal wirklich Kostproben jenommen'?", tönte es lautstark von oben. „Da könn' Se wirklich allet probieren, ja, aber der größte Teil, allet wat Feinschmecker is oder so wat, ja, also ick muß Ihn' janz ehrlich sagen, entweder ham die dit schlecht zurechtjemacht oder ick hab 'n janz jemeinen Jeschmack, daß ick 'ne Erbsensuppe mir vorziehe, bevor ick da so'n Quark esse. Weeß ooch nich."

„Na ja", hörte man eine zarte Stimme einwenden, „also ich hab vor kurzem Wachteln gemacht ..."

„Wachteln?", platzte der Kunde dazwischen, „so 'ne kleenen niedlichen, wa? Da is mir'n Jänsebraten lieber."

„Quatsch, nee, ehrlich, das is 'ne Leckerei. Da is mehr dran als Sie denken."

„Na ja, aber trotzdem. Wieviel essen Se davon? 'n Dutzend oder wat?"

„Aber nich doch, wenn dann machen Se doch ..."

„Als Vorspeise mein ick jetz. Wie groß is dit Vieh? Unjefähr so groß?" Er ballte die Faust und deutete damit die Größe einer Wachtel an.

„Ach, so groß is se nich mal", widersprach Frau Meyer.

„Na seh'n Se! So, wat ham Se dran? Zehn Gramm, fuffzehn Gramm, zwanzig Gramm? - Dreißig Gramm? Na ja, ick meine ohne Knochen, die ißt man ja nich mit."

„Nein!", protestierte Frau Meyer, „ach Mensch, mach ick doch so Wachteln und 'n bißchen davon und 'n bißchen davon und so."

„Na ja, ick meine, wenn ick Gulasch krieje, dann muß ick ma ooch nich anne Kartoffeln satt essen. Dit weeß ick!“ Frau Meyer seufzte resignierend in sich hinein.

„Nee wirklich“, berlinerte es weiter, „dann jeh ick lieber hier zu dem Chinesen jejenüber, der is nämlich sehr jut. War’n Se schon mal drin?“

„Na ja, aber dit is ...“, ‚recht teuer’ wollte Frau Meyer fortfahren, aber schon sprudelte es weiter:

„Da hab ick det Menü jenomm’, fünf Gänge, fuffzehn Mark bezahlt, ich denke, ich spinne, ja!“

„Fünfzehn Mark?“, fragte Frau Meyer dazwischen und wuchs in ihrer Ungläubigkeit um sieben Zentimeter.

„Fünfzehn Mark pro Neese, is ja klar. So. Da kommt der an, stellt der zwee Schüsseln Reis hin, für fünf Mann. Ick denke, wat is’n dit für ’ne lappische Bedienung hier, wer soll’n davon satt werden? Der Reis is übrigjeblieb’n! Ja, denn ham se so süßsauren Schweinemagen und so wat allet. Fünf Sorten Fleisch krieg’n Se da uff so’n Teller. Ick dachte, dit darf ja nich wahr sein. Vorher so’ne Sauerscharfsuppe.“

„Die is mir zu scharf“, war der letzte Versuch eines Einwandes.

„Nee, dit is dit Leckerste von allen. Und dit allet für fünfzehn Mark, da springt keen Hund mit Sportabzeichen drüber.“ Die abschließend zitierte Äußerung beendete das Gespräch wie der Punkt einen Satz und hat das Format einer bleibenden Berliner Redewendung. Man stelle sich vor:

„Mensch Kalle, haste die jeseh’n?“

„Da springt keen Hund mit Sportabzeichen drüber.“

Oder: Eine Parteispende wird übergeben. Schnitt/Nahaufnahme eines Berliners/Kommentar: „Dit is dit Leckerste von’t Janze. Da springt keen Hund mit Sportabzeichen drüber.“ U.s.w.

Redewendungen werden in Alltagssituationen geboren, werden umgedeutet, in neue Zusammenhänge gebracht, einige Elemente werden durch andere ersetzt, nach dem Motto: variatio delectat:

- Der sieht aus wie der Graf von *Monte Christo*. (Graf Koks)

- Wie du *Schmalz* jeraspelt hast! (Süßholz)
- Rejelrecht war ick uff de *Birke*. (Palme)
- Denn freß ick 'n *Nuckel* uff. (Besen)
- Geld *looft* nich. (stinkt)
- Gleiche *Länge*, gleiche Welle. (Stelle)
- Paß uff, sonst brichst de dir *die Ohren*. (den Hals)

Soweit einige Beispiele von Redewendungen, die zum festen Repertoire des Berliners gehören. Und was meine Großmutter mütterlicherseits betrifft, die seit über 80 Jahren das Wasser die Spree hinunterfließen sieht, so ist ihr Repertoire an Berliner Redewendungen noch um einiges umfangreicher. Nicht etwa, daß sie eine besonders sprachpflegerische Einstellung hätte, nein, sondern einfach, weil es so ist, wie es ist, wenn man „anner Plumpe“ aufgewachsen ist. „So is det eben“, und sie spricht wirklich noch das „det“ mit offenem e, daß man am liebsten ein ä schreiben wollte.

Meine Großmutter ist überhaupt ein Wunder an sprachlicher Kreativität und die Repräsentantin des Berliner Wortschatzes schlechthin. Noch lebhaft ist mir die Äußerung in Erinnerung, mit der sie in meiner Kindheit die quängelnden Fragen beschrieb:
„Oma, wann jibt's wat zu essen?“
„Jips jibt's inne Jipsfabrik.“
Wer wollte dem widersprechen?

Dieser existentielle Satz konfrontiert uns mit einem Prinzip, das Sprachwissenschaftler als homophones (homophon = gleichlautend) bezeichnen. Ein Sprachwissenschaftler würde uns vielleicht erklären: Der Gleichklang zwischen „Jips“ und Jibt's“ rührt daher, daß in beiden Fällen das *g* spirantisiert wird. Das b wird im Deutschen generell vor stimmlosen Segmenten stimmlos, also „jibt“ als „jipt“ gesprochen. Das Pronomen „es“ wird enklitisch an das Verb gebunden und schließlich wird das Konsonantencluster simplifiziert durch Tilgung des *t*. Kurzum:
(gibt es) → gipt es → jipt es → jipts → jips und Gips → Jips.

Meine Großmutter würde schlicht und ergreifend kommentieren: „Null uff's Ferd“, was zwar homophon zu „Null ouvert“ ist, aber nicht die Bedeutung von „Null Bock uff ja nischt“ hat. Und Adolf Glaßbrenner würde vielleicht antworten: „Det is ja janz *colt*iviert, aber meine *Vieh*losophie is et nich.“

Meine Großmutter liebt den Berliner Humor à la Glaßbrenner und hält sich gerne an die berühmte Oper von Verdi: „Der Riegelotto, der is zu schöne!“ Was wohl der „Schreifritz“ dazu sagen würde?

Allmählich dringen wir in die Geheimnisse des Berliner Wortschatzes ein und es läßt sich nicht leugnen, daß wir dabei immer tiefer in das sprachwissenschaftliche Dickicht verstrickt werden. Der „Riegelotto“ ist nämlich der sprachliche Zwillingsbruder vom Rigoletto, aber ein zweieiiger, denn völlig identisch sind sie nicht. Was dem einen sein *e*, ist dem andern sein *o*:.

Wortbildungen, die auf Vertauschung von Buchstaben bzw. Lauten oder Wortteilen beruhen, nennt man Anagramme. (Ich grüße mein „Lästerschwein“.) Auf's anschaulichste erlebte eine Kollegin von mir die Entstehung eines Anagramms. Als sie eines heißen Sommertages an einer - nunmehr in der Berliner Geschichte zur Legende werdenden - Würstchenbude stand, um nicht eine Bulette, vielmehr eine erfrischende Selter zu kaufen, trank neben ihr ein offensichtlich recht durstiger Mann ein kühles Bier in einem Schluck aus, ließ einen kleinen Rülpser vernehmen und forderte prompt „noch 'ne Mollekühle.“ Was ein Molekül ist, findet man in jedem Wörterbuch, aber man muß schon Berliner sein und/oder wissen, daß *Molle* nicht unbedingt eine dickliche Frau bezeichnet, sondern schlichtweg ein Glas Bier. So wird aus der „kühlen Molle“ die „Mollekü(h)le“. Dem Erfinder dieses Neologismus sei ein gewisses Recht auf Unsterblichkeit unbestritten, auch wenn wir seinen Namen nicht kennen. Mein Freund A. indes gibt sich mit den irdischen Dingen des Lebens zufrieden und erhebt Anspruch auf das Urheberrecht für das Wort „raffitückisch“. Dieses Recht sei ihm hiermit verbrieft.

„raffitückisch", zusammengeschmolzen aus „raffiniert" und „tückisch" gehört zu jener Klasse von Wörtern, die heute allgemein als Portmanteau-Wörter bezeichnet werden und in denen, wie in einem Koffer, mehr als zwei Bedeutungen zusammengepackt sind. In James Joyce' „Finnegans Wake" gibt es derer Hunderte und Lewis Carroll erklärt uns in seinem Buch ‚Through the Looking Glass' (Alice im Spiegelland) die Bedeutung des Wortes „slithy": „Well, slithy means ‚lithe' and ‚slimy'. Lith is the same as ‚active'. You see it's like a portmanteau - there are two meanings packed up into one word."

Im Berlinischen tritt das Wort „krimitiv" auf, in Ost-Berlin wurde die Junge Pionierin spöttisch „Pionöse" benannt, ein Wort, das wohl aus „Pionierin" und „Balletteuse" entstanden ist. Und so wie im Deutschen grammatisches und natürliches Geschlecht oft dann auseinanderfallen, wenn in der Wortbedeutung das natürliche Geschlecht besonders, meist negativ markiert werden soll (man denke an Memme, Tunte), so hat der Zusammenfall von zwei Wortbedeutungen zu einem Wort im Berlinischen oft einen satirischen Charakter. Warum satirisch, wird der Leser fragen, der bis hierher den verschlungenen Pfaden durch das Berliner Dialektlabyrinth gefolgt ist, und es sei noch einmal an meinen bereits erwähnten Freund A. erinnert, der nämlich Zeuge eines Vorfalls wurde, aufgrund dessen er sich eines Kommentars nicht enthalten konnte. Der eben erwähnte A. mußte während seines Architekturstudiums ein Praktikum auf einer größeren Baustelle absolvieren. Wie jedermann weiß, zählt dort die intellektuell verschraubte Ausdrucksweise wenig, der markige, treffende Spruch viel. Am ersten Arbeitstag, pünktlich um neun Uhr, saß mein Freund mit seinen Kollegen in der Baubude, um das Frühstück einzunehmen. Während er sich genüßlich einen Tee aus der Thermosflasche eingoß, knallte sein Gegenüber eine Bierflasche auf den Tisch.

„Sag mal, kannste überhaupt 'ne Bierflasche uffmachen? Paß mal uff!" Der Bier-Flaschen-auf-den-Tisch-Knaller holte einen Nagel aus der Hemdtasche (er hatte immer einen solchen bei sich) und setzte ihn mit

Schwung am äußeren Rand des Kronkorkens an. Schwupp. Der Krondeckel allerdings beschloß, nicht in hohem Bogen durch die Luft zu fliegen, sondern dem Nagelfetischisten und der Kraft der rohen Gewalt die Sympathie mit dem Flaschenkopf und mit A. entgegenzusetzen, worauf dieser in Solidarität mit dem Kronkorken verlauten ließ: „Dit is ja wirklich raffitückisch!" Sprach's und wickelte seine Stulle aus dem Butterbrotpapier aus.

In der Veränderung von Wörtern ist der Berliner einsame Spitze: Akademie wird zu *Ake(de)mie*, Singakademie zu *Singepedemie*, die DDR lautmalerisch zu *Däderädä*, in der die Funktionäre, versammelt im *Ballast der Republik*, *Kaderwelsch* reden. (Man achte bei „Ballast" auf die subtile Anspielung auf die Sachsen, die ja bekanntlich alle Verschlußlaute am Wortanfang stimmhaft sprechen.)

Lautvariation als Sprachwitz hat in Berlin Tradition. Bei Glaßbrenner zum Beispiel, einem Meister des Klangwitzes, wird Aktionär zum *Aktionärsch*, die Guillotine zu *Julejottdiene* und der Boulevard zum *Bullewarze*.

Klangvariation ist eine Witztechnik par excellence, was bereits Sigmund Freud erfreut festgestellt hat: „Man kann zunächst dasselbe Material von Wörtern nehmen und nur etwas an der Anordnung derselben ändern. Je geringer die Abänderung ist, je eher man den Eindruck empfängt, verschiedener Sinn sei doch mit demselben Wort gesagt, desto besser ist in technischer Hinsicht der Witz." Umgekehrt läßt sich sagen: Der Berliner ist witzig und schlagfertig, deshalb beherrscht er die Technik des Wortwitzes perfekt.

Neben den bereits erwähnten Techniken gehört die Akzentverschiebung wie z.B. *mehrére* anstelle von mehrere ebenso zur sprachlichen Kompetenz des Berliners, wie jenes im Deutschen vorwiegend in der Kinder- und Werbesprache angewandte Prinzip, das man als Reduplikation bezeichnet. Es funktioniert nach dem Schema „aus eins mach zwei" und äußerte sich bei meiner Tochter Simone in „töff töff" und „wau wau". Vielleicht weil sich der Berliner ein Stück kindlicher Unschuld bewahrt hat, ist ihm das Doppelgemoppelt-Prinzip bestens bekannt: *plemplem*, aber auch *Tingeltangel* sind Belege dafür. Durch Wortreduplikation wird in allen Sprachen der Welt entweder eine Bedeutungsabschwächung oder -steigerung erreicht. Wird z.B. im Chinesischen das Schriftzeichen für Baum verdoppelt, so entsteht das Schriftzeichen für Wald, und sieht man den Wald vor lauter Bäumen nicht, so befindet man sich im Dickicht, was dann durch Verdreifachung des Schriftzeichens für Baum ausgedrückt wird. Im Berlinischen ist mit der Verdoppelung immer eine Intensivierung verbunden: Wer *plemplem* ist, gilt als völlig verrückt. Und auch *piepegal* folgt diesem Muster: „Dit is ma piepe" meint „Das ist mir egal", während „Dit is ma piepegal" den Grad der Gleichgültigkeit noch um einiges erhöht. Wollen wir hoffen, daß dem Leser die kleinen sprachwissenschaftlichen Exkurse nicht „schnurz und piepe" sind.

Wohlwissend und im Bewußtsein der Tatsache, daß Ab- und Ausschweifungen zu einem glücklichen Ende kommen sollten, und auch auf die Gefahr hin, daß uns der Vorwurf der Akribie nicht erspart bleibt, seien noch der Hang zu Abkürzungen wie *Idi*, *j.w.d.* oder *d.b.d.d.h.k.p.* erwähnt sowie die äußerst produktive Vorsilbe *ab- (abbumsen, abklavier'n, abtanzen)*, die zur ständigen Bereicherung des Berliner Wortschatzes beiträgt.

C'est ça, könnte man nun meinen und mit einem abschließenden Satz die Vorspeise beenden. Dagegen spricht allerdings nicht nur die Verwendung des Französischen am Anfang dieses Absatzes und die noch offene Frage, warum das Berlinische mit französischen Wörtern gespickt ist. Vielleicht interessiert den Leser auch, daß 1873 die erste Sammlung Berliner „Ausdrücke und Redensarten" von Trachsel vorgenommen wurde, welche - wie er schreibt - ihm „theils selbst zu Ohren kamen, theils von zahlreichen Freunden aus allen Klassen der Gesellschaft als Hofräthe, Finanzräthe, Gerichtsräthe, Doctoren, Professoren, Ärzte, Officire, Beamte, Lehrer, Studenten, Rentiers, Künstler, Kaufleute, Gewerbetreibenden usw. gütigst mitgetheilt wurden." Und bereits fünf Jahre später erschien der x-fach aufgelegte „Richtige Berliner in Wörtern und Redensarten" von Hans Meyer, einem Lehrer des traditionsreichen „Grauen Klosters". Möglicherweise fragt sich auch der eine oder andere, ob dieses oder jenes Wort „wirklich" berlinisch ist, wenn man bedenkt, welchen zahlreichen Einflüssen das Berlinische als Stadtdialekt unterliegt und wie weit es in die Mark Brandenburg und noch weiter hinaus ausstrahlt.

Oder aber der Leser hat eventuell heute jene Perle der Berliner Speisekarte verspeist, die an Currywurstbuden unter dem Namen Bulette verkauft wird und für die die Berliner noch einige andere Bezeichnungen parat haben:

| | |
|---|---|
| Bäckerbraten | Gummimuffe |
| Semmeltörtchen | Hackding |
| gebratene Schrippe | Hundepuffer |
| heiße Schrippe | Schappipuffer |
| Kampfbrötchen | gehackter Molli |
| Schrippenpuffer | Panzerplatte |
| Vollkornschnitzel | Prachtschinken |
| Bremsklotz | Satansbraten |
| Bulli | Tellermiene |
| Chansonettenbrüstchen | Todesknolle |
| Eternitplätzchen | Traberpastete |
| Gummihacken | Wanderbulette |
| Gummipuck | Zuchthauspastete |

Wie unter den bevorzugten Fast-Food-Fleischprodukten der Bayern der Leberkäs, steht bei den Berlinern die Bulette hoch im Kurs. Während erstere jedoch sich des Fleischgehalts ihres „Kas" recht sicher sind, sehen die Berliner offensichtlich einen starken Einfluß des Bäckereihandwerks bei der Herstellung des „Fleischkügelchens", als welches die Hugenotten die „boulette" mitbrachten.

„Mitbrachten" ist vielleicht ein unzutreffender Ausdruck, der eher an Touristen und Souveniers erinnert, denn an Glaubensflüchtlinge (Réfugiés) wie die Hugenotten, die aufgrund des Potsdamers Edikts 1685 sich in Brandenburg ansiedeln durften, wobei ihnen

Steuerprivilegien, freie Religionsausübung und eine eigene Schule zugesichert waren. Natürlich holte der Große Kurfürst die französischen Protestanten nicht aus Nächstenliebe oder weil er der französischen Küche und dem Pariser Chic besonders zugetan war ins Land: Der dreißigjährige Krieg hatte Brandenburg ausgeblutet und die Hugenotten waren als erstklassige Handwerker, Akademiker, Verwaltungsbeamte willkommene Arbeitskräfte im unterentwickelten Brandenburg. Ende des 17. Jahrhunderts war jeder fünfte Einwohner im Berliner Raum französischer Abstammung, so auch der Urahne meines Bekannten Detlef Deleuvant. Während dieser nicht einmal dann seinem Namen einen französischen Klang zu geben vermag, wenn er sich mit einer Wäscheklammer die Nase zuhält, war jener ein echter Franzose, stolz auf seine Sprache und Kultur, die er auch am kurfürstlichen Hofe gepflegt sah. Mit Mißmut allerdings betrachtete er seinen Freund und Kaufmann Henri Marchand, der seine Waren in einem seiner Meinung nach furchtbaren Kauderwelsch anpries: „Bonjour meschers Messieurs! Kauff sick kut Savonet! Etuits, un schön Pomat von Wacks und renlick fett. Kauff Kauff, sick in die Zeit, so hab, sick in das Noth O Monsieur!"

Wenn auch bereits in der zweiten Generation der hugenottischen Einwanderer der Prozeß der Assimilation sich deutlich durchsetzt und schließlich Ende des 18. Jahrhunderts das Französische in der hugenottischen Gemeinde zur ‚lingua sacra', zur Gottesdienstsprache absinkt, hat doch der starke kulturelle und sprachliche Einfluß der Hugenotten seinen breiten Niederschlag im Berliner Wortschatz gefunden:

| | |
|---|---|
| Aweck | Bredullje |
| Deez | Kinkerlitzken |
| Blak | Feez |
| Kleedage | schauderös |
| dusemang | botten |
| Lamäng | Eau de Mief |
| Stampe | Schmierage |

Berlin war immer Schmelztiegel verschiedenster ethnischer Gruppen und ist es heute noch. Neben den Franzosen haben insbesondere die Juden ihre Spuren im Berliner Wortschatz hinterlassen:

| | |
|---|---|
| acheln | Moos |
| Dalles | ausbaldowern |
| Geseier | Reibach |
| Tacheles | koscher |
| Bammel | Mischpoke |
| Schlamassel | mies |

Aber auch das Englische: *abrocken, beaten, dancen, hotten* und Lateinische: *pesen, Pulle, Jokus* finden sich im Wortschatz des Berliners. Nur wenige Worte wie *Kiez, Luch, Lanke* und die Ortsnamen auf *-ow* sind Zeugnisse der Slawen, die vom 7. - 12. Jahrhundert im Berliner Raum lebten. Deutlicher tritt das Niederdeutsche im Berlinischen zutage *(Bolle, Deibel, Göre, grölen)*, das vom 13. bis ins 16. Jahrhundert in Berlin gesprochen und geschrieben wurde. Der Einfluß der obersächsischen Umgangssprache und ostmitteldeutschen Schriftsprache im 16. Jahrhundert zeigt sich in Wörtern wie *Brieze* oder *schwoofen*. Inwieweit das Türkische im Berliner Wortschatz verankert wird, ist noch nicht abzusehen. Man sollte skeptisch sein, aber das Kebap hat durchaus Chancen, der Bulette den Rang abzulaufen. Aber wie der Berliner sagt: Nischt Jenauet is nich raus.

Da wären wir nun am Ende der Vorspeise und erwarten gespannt das Menü. Wem beim Lesen oder ob des geistigen Appetits der Mund trocken geworden und deshalb nach einem erfrischenden Schlückchen zumute ist, der sollte nicht zögern, eine entsprechende Bestellung aufzugeben: „Herr Ober, ein Glas Schöneberger Bahndamm Nordseite 1983 und eine Flasche Leitungsheimer trocken und dann ...“ - „Sofort Monsieur, ick bring Sie den Wein und die petites Chansonettenbrüstchen aussi, s'il vous plaît.“

## Index und Abkürzungen

Im Lexikon gibt es zwei Arten von Einträgen: Haupteinträge und Querverweise. Die Haupteinträge sind alphabetisch geordnet und fett gedruckt, Querverweise sind kursiv gedruckt und durch einen Pfeil (→) markiert. Hinter den Haupteinträgen stehen Hinweise zur Herkunft und zum Gebrauch. Die Hinweise sind in der Regel abgekürzt, wobei folgende Konventionen gelten:

| | |
|---|---|
| adj. | adjektivisch |
| adv. | adverbial |
| ahd. | althochdeutsch |
| alem. | alemannisch |
| brandb. | brandenburgisch |
| engl. | englisch |
| frühnhd. | frühneuhochdeutsch |
| frz. | französisch |
| got. | gotisch |
| gr. | griechisch |
| hebr. | hebräisch |
| ital. | italienisch |
| jgdsprl. | jugendsprachlich |
| jidd. | jiddisch |
| lat. | lateinisch |
| md. | mitteldeutsch |
| mhd. | mittelhochdeutsch |
| mnd. | mittelniederdeutsch |
| mnl. | mittelniederländisch |
| nd. | niederdeutsch |
| nl. | niederländisch |
| nordd. | norddeutsch |
| obd. | oberdeutsch |
| obs. | obersächsisch |
| omd. | ostmitteldeutsch |
| ostberl. | ostberlinisch |
| ostf. | ostfälisch |
| ostpr. | ostpreußisch |
| poln. | polnisch |
| rhein. | rheinisch |
| rotwelsch | rotwelsch |

| | |
|---|---|
| schülspl. | schülersprachlich |
| slaw. | slawisch |
| sorb. | sorbisch |
| stud. | studentensprachlich |
| umgs. | umgangssprachlich |
| ung. | ungarisch |

Bei im Lexikon aufgenommenen Redewendungen ist das von der Bedeutung her zentrale Kernwort in die alphabetische Liste aufgenommen worden.
Obwohl es gegenüber der ersten Auflage eine strenge Aufteilung in Ost- und Westberlinisch nun nicht mehr gibt, werden in Ost-Berlin entstandene Wörter speziell durch (ostberl.) vermerkt, und zwar deshalb, weil ein Großteil dieser Wörter unter einer geschichtlich-politischen Perspektive interessant ist.

## A

**aalen, sich** (umgs.) sich rekeln, sich genüßlich ausruhen. »Inne Ferien wer' ick ma richtich ausaal'n.«

**Aas** (mnd. ās) häufig gebrauchtes Schimpfwort. **'n ollet Aas, Aasbande, Aaskröte.** »So'n reichet Aas, dit stinkt zum Himmel.« »Dir Aas kenn' ick.« Ist niemand in einer Wohnung anzutreffen: »Keen Aas zuhause.« Aber auch zärtlich gemeint: »'n richt'jet kleenet süßet Aas.«

**aasen** seit dem 19. Jh. im Sinne von verschwenden, vergeuden. Mutter zu ihrem Kind: »Aas nich so mit der Marmelade rum.« Auch: **veraasen.**

**ab** erschöpft, abgearbeitet. »Vater is janz ab.«

**abäschern, sich** sich sehr bemühen, sich übermäßig anstrengen.

**abbeißen, einen** einen Schnaps trinken.

**abblitzen** zurückgewiesen werden, einen Korb bekommen.

**abbrummen** eine Strafe absitzen.

**abbumsen** (ostberl.) ironisch für → *abkindern.*

**abdrehen** weglaufen, flüchten.

**aber fett** etwas bestätigen, anstelle von ›aber sicher‹.

**abfahren** 1. hinauswerfen. 2. »Ick fahr' uff die voll ab.«, jemanden oder etwas toll finden.

**abfallen** mißglücken, zurückgewiesen werden. Passivisch mit lassen: jemanden schlecht behandeln.

**abgeben, sich** sich befassen mit, schlechten Umgang haben mit. »Jib da bloß nich mit dem ab!«

**abgebrannt** pleite, blank, ohne Geld. Ursprünglich bezogen auf denjenigen, der sein Haus durch eine Feuersbrunst verloren hat.

**abgebrüht** kaltschnäuzig, gewissenlos, verschlagen, durchtrieben. Von nd. brüen = necken plagen.

**abgebrochener Riese** kleiner Mensch. Metaphorisch auch für jemanden, der hoch hinaus wollte, es aber nicht geschafft hat.

**abgehalftert** heruntergekommen. »Seit der keene Arbeet mehr hat, is er janz schön abjehalftert.« Abgeleitet von abhalftern = müde werden.

**abgehen** losgehen. Insbesondere in der jugendsprachlichen Wendung »Da jeht die Post ab«, was meint: »Das geht echt geil los.«

**abgemeldet** erledigt sein. »Der is bei mir abjemeldet«, der ist für mich erledigt, mit dem will ich nichts mehr zu tun haben.

**Abgewöhnen, zum** Ausdruck der Abscheu oder der Verachtung. »Der Typ ist echt zum Abjewöhn'.« Auch als Entschuldigung: »Na, noch een Schnaps zum Abjewöhn'.« Auch jugdsprl. 'ne Abjewöhne = ein unsympathisches Mädchen.

**abhauen** sich davon machen, das Weite suchen. Als Drohung in der bekannten Redewendung: »Mensch, hau ab oder ick verjeß ma.«

**abjachern, sich** bis zur Atemlosigkeit, zur Erschöpfung laufen, hetzen. Auch: **abjachtern**.

**abkindern** (ostberl.) einen Staatskredit durch weitere Kinder ablösen. → *abbumsen.*

**abklappern** absuchen. Verteiler von Werbeprospekten müssen »die janze Jejend bzw. die Briefkästen abklappern«.

**abklavieren** abzählen. »Woher weeßt'n dit?« - »Dit kann man sich doch an fünf Finger abklavier'n.«

**abknöpfen** auch **abknöppen** Geld beim Spiel → *abluxen.*

**abkratzen** sterben.

**abkurven** weglaufen, flüchten.

**abladen** (rotw.) das Geld abladen/hergeben.

**ablaufen, sich** einer Sache hinterherlaufen. »Bis de dit Jeld hast, kannste dir de Hacken abloof'n.«

**ablegen** bezahlen.

**Ableger** eigenes Kind. Bildliche Erweiterung (Personifizierung) des Ablegers einer Pflanze.

**ableuchten** überprüfen.

**abluxen** etwas auf schlaue Weise an sich bringen, jemandem Geld auf unredliche Weise, besonders beim Spiel, wegnehmen.

**abmachen** aus dem Sinn schlagen. »Mach dir dit ja ab!«

**abmurksen** ermorden, töten.

**abnehmen lassen, sich** anstelle von sich aufnehmen lassen, im Sinne von fotografieren lassen.

**abnibbeln** sterben.

**abplastern** abblättern. »Kaum ham se dit Haus jestrichen, schon plastert die Farbe wieder ab.«

**abprachern** erbetteln.

**abrabbeln, sich** oder **abrappeln** sich abarbeiten. → auch *aufrappeln*.

**abrackern, sich** sich abarbeiten, sich schinden.

**Abreibung** Tracht Prügel. Drohend: »Willst wohl 'ne Abreibung ham, wa?«

**abreißen** 1. eine Gefängnisstrafe absitzen (um 1900 aufgekommen). 2. Nur in der Negation im Sinne von ›es hört nicht auf‹: »Dit Rejenwetter reißt aber ooch ja nich ab.« Beruht auf dem Sinnbild des nicht reißenden Fadens.

**abrocken** (jgdsprl.) tanzen.

**abrubbeln** abreiben.

**abschieben** verschwinden. »Schieb ab!« Abgeleitet von der im 18. Jh. belegten Bedeutungsvariante »weggehen, flüchten«.

**abschrammen** fortgehen, fliehen.

**Abspeckzuber** Badewanne.

**abstinken** mißglücken, zurückgewiesen werden.

**abwackeln** 1. tanzen und 2. weggehen.

**abwaschen** »Dit wäscht dir keen Rejen ab.«, das hilft dir alles nichts.

**acheln** (jidd.) essen.

**Achtgroschenjunge** früher für Polizeispitzel, heute für Stricher. Die Berliner Polizei zahlte im späten 18. Jh. dem Spitzel acht → *Groschen* für jede Anzeige.

**achtkantig** jem. »achtkantig« = in hohem Bogen rausschmeißen.

**ackern** arbeiten.

**Ackerlotte** ursprünglich Mädchen aus der Ackerstraße (Berlin-Wedding), heute für Mädchen mit schlechtem Benehmen.

**Affe** Bereits im 19. Jh. belegt, u. z. in der Wendung »Er hat sich 'nen Affen jekooft.«, er ist betrunken. Heute ein häufig benutztes Schimpfwort in zahlreichen Komposita: **Affenarsch, du alter Affe** etc. Eine **Affenjacke** ist eine zu kurze Jacke (Anfang des 19. Jhs. von engl. monkey-jacket), unter **Affentheater** versteht man ein wirres Durcheinander. Eine **Affenschleuder** ist eine Schaukel, während **Affenschaukel** nicht eine Schaukel bezeichnet, sondern ironisch die Straße ›Adlergestell‹ Eine besondere Schmach ist eine **Affenschande** (nd. apenbare Schanne »offenbare Schande«), ein **Lackaffe** ist ein eitler Mensch. Wer beim Sitzen eine komische Haltung einnimmt »sitzt wie'n Affe uff'm Schleifstein«. Jemand, der perplex ist, sagt: »Ich gloob, mich laust'n Affe.« An einem besonders heißen Tag ist 'ne **Affenhitze**. Folge: »Ick schwitz wie'n Affe.« Bleibt noch die Frage: »Du bist wohl vom Affen jebiss'n?«

**Akedemie** auch **Akemie** ironisch für Akademie.

**Aki** Fertigkeit. »Du hast keen Aki bei't Verkoofen.« (frz. avoir de l'acquis ›etwas los haben‹).

**Akovit** schlechter Branntwein (von lat. aqua vitae).

**Aletebaby** Bezeichnung für Willy Brandt Anfang der 60er Jahre. (Alete = Markenname einer Kindernahrung)

**Alex** Alexanderplatz in Berlin-Mitte.

**alle** 1. zu Ende. »Der Kaffee is alle.« 2. alle werden = aufhören, sterben. »Davon wirste doch nich alle.«, d. h. das schadet dir nicht. 3. jem. **alle machen** jemanden fertig machen. 4. «Ick bin völlig alle«, völlig k. o. 5. «Wer'n se alle!« - Verschwinden sie!

**Alsche** Frau, Mutter, Alte. Nordd. seit dem 19. Jh.

**Alter, Alte** Bruder, Partner, Vater, Freundin, Ehefrau, Mutter, Partnerin.

**Alumücke** Düsenjäger.

**Amateuse** Prostituierte ohne »Gewerbeschein«.

**Ambacht** (aus dem Nl. = Handwerk) in Berlin: »Was is Ambacht?«, was ist Sache?

**Amerikaner** rundes Gebäck mit Zuckerguß.

**amtlich** »Dit is noch nich amtlich.«,es ist ungewiß.

**amüsieren** »Ick hab ma amüsiert wie Bolle uff'n Milchwagen.«, also hervorragend.

**Amüsiertablette** Glatze.

**anblaffen** jem. anmeckern. Von blaffen »schreien, schimpfen«, bereits im 15. Jh. belegt.

**anblasen** jem. anmeckern, zur Rede stellen.

**andudeln, sich eenen** sich betrinken. »Jestern abend hat er sich janz schön eenen anjedudelt.« Übertragen von im 19. Jh. dudeln = schlecht singen; wer viel getrunken hat, singt schlecht. Auch umgs. dudeln = kräftig trinken.

**angeäthert** betrunken.

**angeben** prahlen. »Der jibt an wie 'ne Lore Affen.«

**angebufft** 1. angestoßen. »Bist wohl anjebufft?«, spinnst wohl? 2. geschwängert, seit dem späten 19. Jh.

**angenüchtert** angetrunken.

**angesäuselt** angetrunken.

**Angstmacher** Messer.

**Angströhre** Im 19. Jh. für Zylinderhut (engl. anxiety hat = Angsthut); heute für eine enge Hose, insbesondere Jeans.

**anhauchen** jem. grob anfahren.

**Animus** (lat. animus = Geist, Seele, Mut) Ahnung. »Da hatt' ick gleich den richt'jen Animus.«

**ankesen** narren, foppen.

**anknabbern** »Dit Mädchen is ja zum Anknabbern.«, zum Liebhaben, zum Gernhaben.

**anknippern** (mnd. knüppen = knüpfen) verknoten, mit einem Knoten anbinden.

**ankohlen** scherzhaft anschwindeln.

**ankratzen** sich einen Mann angeln.

**anlabern** belästigen, ansprechen. → *labern.*

**anlachen** eine Bekanntschaft machen. »War ick inna Disco, hab ick ma den Typen anjelacht.«

**anlegen** sich mit jemandem Streit suchen, sich entzweien.

**anmachen** sich jemandem nähern mit dem Ziel, mit ihm in's Bett zu gehen. → auch *anquatschen, anwichsen.*

**anmeiern, sich** 1. sich bei sozial Höherstehenden beliebt zu machen suchen. 2. schwindeln und 3. jemanden → *anschmieren.* 4. in Nachteil geraten: »Da biste anjemeiert.«

**anmerken** an jem. etwas bemerken: »Dat hajik'n gleich anjemerkt« - das ist mir gleich an ihm aufgefallen.

**anmotzen** (jgdsprl.) anmeckern, beschimpfen.

**anno dunnemals** → *dunnemals.*

**Anodenwumme** Kofferradio.

**anpeesen** schnell angelaufen kommen.

**anpetzen** anzeigen. → *petzen.*

**anpflaumen** jem. anmachen, beschimpfen.

**anpummeln, sich** sich warm anziehen. → *einpummeln.*

**anpusten** (mhd. anbusten = blasend anfachen) grob anreden.

**anquatschen** anreden, → *anmachen.*

**Anreißer** früher Ausrufer vor Verkaufsbuden, auch Portier von Vergnügungslokalen, heute umgs. für die Berufsbezeichnung ›Propagandist(in)‹.

**anschmieren** 1. jemanden reinlegen und 2. sich aufdrängen.

**anständig** Mittel zur Graduierung: »Ick war janz anständig besoff'n.« »Ick hab 'n anständ'jen Hunger.«

**anstehen** zusagen, gefallen. Bei Glaßbrenner: »Kann ick Ihnen anstehen, oder haben Sie sonst ein Verhältnis.«

**anstreichen** vergelten. »Dit vergeß' ick nich, dit werd' ick dir anstreich'n.«

**antalpschen** → *talpschen*

**antanzen** ankommen. »Jetz kommt der schon wieder anjetanzt.«

**Antigrippin** Schnaps.

**antrudeln** (md., nd. trudeln = rollen, sich wälzen) gemächlich daherkommen oder auch ankommen, sein Ziel erreichen.

**anwackeln** wie → *antrudeln*.

**anwichsen** 1. jemanden → *anmachen*. 2. jemanden bedrohen.

**Anzug** »Dir stoß ick aus'n Anzug!«, Androhung von Gewalt.

**AOK-Chopper** Rollstuhl (AOK = Allgemeine Ortskrankenkasse).

**Appelfatzke** Steigerung von → *Fatzke*.

**Äppelfrau** Obstfrau.

**Äppelkahn** 1. kleines Boot, 2. große Füße, 3. große Schuhe.

**Arbeiterbrause** Sekt.

**Arbeiterdenkmal** Arbeiter, der sich auf seinem Werkzeug, z. B. einer Schaufel, ausruht. Jemand, der nach dem Motto handelt: »Die Arbeet jacht ma, aber ick bin schneller.« Entstanden mit Bezug auf das 1900 auf dem Andreasplatz zu Berlin errichtete Arbeiterdenkmal.

**Arbeitereisbein** Rollmops. → auch *Eisbein*.

**Armkasse** Armenkasse. »Es jibt gleich wat aus de Armkasse.«, Androhung von Prügel.

**Armleuchter** dummer Mensch.

**Arsch** (ahd. Hintern, Gesäß) wie in anderen Dialekten auch fehlt dieses Wort nicht im Berliner Schimpfwortschatz. Es ist äußerst produktiv und in zahlreichen Komposita zu finden. **Arschgeige** bezeichnet eine persona non grata, **Arschficker** ist aggressiv für Homosexuelle, ein **Arsch mit Ohren** spricht bildlich für sich. **Arschkriecher** leben nach dem Radfahrerprinzip ›nach oben buckeln, nach unten treten‹. Als Drohung: »Dir tret' ick 'n Arsch platt.«

**Asche** 1. Geld (frz. acheter). 2. Unsinn. Um 1800 stand in einem Lokal in der Elsässer Straße:
Hast Du Draht, so laß dich nieder,
Sag', womit ich dienen kann,
Ohne Asche - drück' Dich wieder
Setze keinen Gastwirt an!

**aschingern** zu Aschinger (früher stadtbekannte Volksgaststätten, zuletzt noch nahe Bahnhof Zoo) gehen. Nach den Brüdern Aschinger, die, aus Bayern kommend, das Restaurant gründeten.

**Asphaltblase** (ostberl.) Trabant. → *Plastikschüssel, Plastepanzer*. Vgl. auch amerikanisch ›bubble car‹.

**Ast** sich einen Ast lachen, sich kaputt lachen. »Mir feift der Ast«, ich brauch eine Zigarette; in Analogie zu »mir piept die Lunge«.

**asten** unter schwerer Last gehen.

**astrein** einwandfrei, hervorragend. »Der Film is astrein.« Entstanden durch Bezug auf astlochfreies Holz, das wertvoller als Holz mit Astlöchern ist.

**Atschö** Adieu, Tschüß.

**Atta** Glatze, aber auch Kopf.

**Atze** 1. Schwester oder Bruder. »Wo ist denn dein Bruder?« - »Meene Atze is draußen.«, 2. Kosename für Arthur.

**Au Backe** Ausruf der Bewunderung oder der Betroffenheit.

**auf** wird in der Regel *uff* gesprochen.

**auffallend** »Stimmt uffallend.«, stimmt genau.

**aufgabeln** jemanden treffen, eine Frau → *aufreißen*. »Wo hast 'n die uffjejabelt.« Im 17. Jh. belegt im Sinne von »auf eine Gabel spießen« und wohl von daher abgeleitet.

**aufgehen** dick werden. »Meine Olle jeht uff wie'n Fannkuchen.«

**aufmotzen** sich, (mhd. aufmutzen) jemanden, etwas auffällig kleiden, herrichten. »Den Laden ham se janz schön aufjemotzt.«, schick gemacht.

**aufmucken** sich widersetzen. Von mnd. mucken = halblaut murmeln.

**aufplustern, sich** sich aufblasen, sich empören. »Bloß wejen die paar Mark hat der sich uffjeplustert!« Von mnd. plustern = zersausen, wie es das Federvieh tut, wenn es mit dem Schnabel im Gefieder herumwühlt.

**aufpuckeln** jemandem Arbeit aufladen. »Die Scheißarbeit krieg' immer ick uffjepuckelt!« Abgeleitet von ›buckeln, einen Buckel machen‹.

**aufrappeln, sich** (nd. rappeln = sich aufraffen, bewegen) gesund werden. »Der stand schon mit een Been inna Kiste, denn hat er sich aber wieder uffjerappelt.« Wer sich in der Schule aufrappelt, erbringt bessere Leistungen.

**aufreißen** jemanden erfolgreich → *anmachen*, »'ne kesse Biene uffreißen.«

**aufsteckern** aufstören. Wahrscheinlich abgeleitet von ahd. stecken »anheften, annageln«.

**Auftritt** 1. Fußtritt, 2. eine interessante Angelegenheit.

**ausbaldowern** auskundschaften. Über die Gaunersprache aus dem Jiddischen baal = Mann und dowor = Sache, Wert.

**auseinanderpolken** entwirren, Verwickeltes auseinandersetzen. → *polken*.

**auseinanderposamentieren** wie → *auseinanderpolken.*

**ausfressen** eine strafbare Handlung begehen. »Junge, wat haste wieder ausjefressen?«

**ausgekocht** (jidd. kochem = weise) raffiniert, pfiffig, verschlagen, durchtrieben sein.

**ausglitschen** ausrutschen. Intensivbildung zu (aus)gleiten.

**ausklamüsern** (nd. Klamüser = Grübler, spitzfindiger Geselle) herausfinden, herausbekommen.

**ausklinken** (mnl. clinken = erschallen, hell tönen) 1. aufregen und 2. gebären.

**auskneifen** (nd. knipen = davonlaufen) fliehen, ausrücken.

**ausknobeln** wie → *ausbaldowern.* Abgeleitet von knobeln, erstmalig 1813 in der Studentensprache belegt.

**auskratzen** weglaufen, fliehen.

**ausmähren** eine Tätigkeit langsam, ›im Zeitlupentempo› ausführen, was oftmals Anlaß zu der Äußerung gibt: »Mensch, hat der sich wieder ausjemährt!« Vielleicht zurückzuführen auf Mähre = klappriges Pferd.

**auspellen** entkleiden. Abgeleitet von pellen = schälen. → *Pelle.*

**Auspuffmieze** Beifahrerin auf dem Motorrad. Mieze = Kosebezeichnung für Katze.

**ausquatschen, sich** sich aussprechen.

**ausreißen** verschwinden, sich aus dem Staub machen. Negierend: sich nicht so viele Umstände machen. »Nu reißen sich ma' keen Been aus.«

**aussehen** bezweifeln, in der Wendung »So siehste aus!«.

**Außerhalbscher** Nichtberliner.

**austutschen** austrinken.

**Auster** Qualster, ausgespieener Schleim.

**ausverschämt** unverschämt.

**auswachsen** »Dit is zum Auswachsen!«, Ausruf der Ungeduld.

**au wacker** au weia. Sicherlich mit Anspielung auf den Berliner Fußballklub Wacker 04.

**Aweck** (von frz. avec = mit) mit Leichtigkeit, mit Esprit, mit Eleganz. »Der macht seine Arbeit mit'n jewissen Aweck.«

# B

**Baa-Affe** im 19. Jh. für ein neugierig zuschauendes Kind.

**Babyschubsen** Teenagertanz.

**Backbeere** Backbirne.

**Backe** Drohung: »Dir hau ick den Putz vonna Backe!«

**Backobst** »Danke für't Backobst.«, ironische Ablehnung. Wahrscheinlich abgeleitet von der soldatischen Bezeichnung Lazarettpflaume, die in der preußischen Armee gebraucht wurde.

**Backpfeifengesicht** »Der hat'n richt'jet Backfeifengesicht.«, im erweiterten Sinne ein dümmlicher Gesichtsausdruck.

**Backzahn** Im 19. Jh. ironisch für Infanterie-Offizier. Soll auf den Spruch Friedrich des Großen zurückgehen: »Die Infanterie ist dazu berufen, den Feind zu zermalmen«.

**baden** »Dir ham se wohl als Kind zu heiß jebadet?«, du bist wohl verrückt?

**baden gehen** scheitern, untergehen.

**Bäckerbraten** Frikadelle.

**Bärenführer** Fremdenführer durch Berlin (Bärlin). Die Wortbildung erklärt sich aus dem Berliner Wappentier, dem Bären.

**Bärenlina** ironische Bezeichnung für die Berolina, das berühmte Denkmal, das von 1895-1944 auf dem → *Alex* stand.

**Bärme** Hefe. Ironisch für einen groß gewachsenen Menschen: »Dem ham se Bärme unter die Beene jelegt.« Auch: »Wat nachkommt, is Bärme.«, was nachkommt, taugt nichts mehr.

**baff** verblüfft. »Ick war janz baff.« »Da biste baff, wa?«

**Bahnhof** 1. »Ick versteh immer nur Bahnhof.«, ich versteh gar nichts. 2. Gesicht: »Krist eene uff'n Bahnhof, daß de Kopp stehst.«

**Balbier** Barbier. Als Verb ›rasieren‹. »Jemand über'n Löffel balbieren.«, d. h. jemanden betrügen.

**baletti machen** etwas ordentlich machen. Von umgs. ›paletti‹.

**Balg** Kind, gelegentlich mit leicht negativer Konnotation. Seit dem 18. Jh. besonders im nordd. Raum.

**Balkon** »Hat die 'n Balkon!« Ausruf des Erstaunens über eine vollbusige Frau.

**Ballast der Republik** (ostberl.) ironisch für den Palast der Republik. → auch *Pallazo Prozzo*.

**ballern** schießen.

**Ballon** (ital. pallone = großer Ball) Kopf. Drohend: »Ick jeb' da gleich wat uff'n Ballon.«

**Bammel** Furcht. Rückbildung und Übertragung von bammeln = sich schaukeln, hin und her bewegen. An der Dahme, einem Nebenfluß der Spree, gibt es bei Grünau eine Stelle, vor der Segler aufgrund der

Strömungen »Bammel haben«, weswegen diese Stelle **Bammelecke** genannt wird.

**Bammelage** (frz. ausgesprochen) Alles, was runterhängt oder runterbaumelt, z. B. Ohrringe. Adjektivisch **bammelig** für schlecht sitzende Kleider.

**Banane** »Die Banane ist geschält.«, der Fall ist abgeschlossen, die Sache ist gelaufen.

**Bange** Furcht, Angst. »Bange machen jilt nich.« »Hab mal keene Bange.«

**Bank** »durch de Bank reden«, durcheinander oder auch miteinander reden. »durch de Bank durch reden«, d.h., ein jeder redet.

**barft** barfüßig, mit bloßen Füßen.

**barfuß** nackt, in der Wendung »Ick war barfuß bis zum Halskragen.« Abgeleitet von im 19. Jh. »barfuß bis an die Schultern«.

**barmen** (nordd. und omd.) jammern, bitten.

**Bart** »Nu is der Bart ab!«, jetzt ist es vorbei.

**Batz** Kopf. »Krist gleich war vor'n Batz!«

**Bauklötzer staunen** äußerst verwundert sein. Klötzer vielleicht in Analogie zu Glotzen = Augen. Um 1900 in Berlin aufgekommen.

**Beamtenbutter** Senf.

**beaten** (jgdsprl.; engl. to beat = den Takt, die Trommel schlagen) tanzen.

**beboomölen** »Dit is zum Beboomölen!«, das ist zum Verrücktwerden.

**bedeppert** eingeschüchtert, aber auch betrübt, ratlos.

**bedient sein** von etwas genug haben, einer Sache überdrüssig sein. »Ick bin bedient.«

**Bedrulljе** → *Bredullje*.

**beduddeln** bezahlen.

**Been** → *Bein*.

**Beerblanc** Beure blanc, eine weiche Birnenart mit gelber Schale.

**Beergrin** Beure gris, eine ähnliche Birnenart wie → *Beerblanc* mit grauer und grüner Schale.

**Beerdigung** »Der wird erst bei seine Beerdigung nüchtern sein« sagt man über einen → *Schluckspecht*.

**Beesinge** Heidelbeere, von goth. basi, die Beere.

**befizelt** betrunken.

**befummeln** (nd. fummeln = suchend umhertasten) betasten, befühlen. Klage eines Teenies: »Mußte ma gleich befummeln?« Auch in der Bedeutung ›bewerkstelligen, zustande bringen‹ gebraucht.

**begraben** Kritik an einer schlechten Leistung: »Laß da begraben.«

**begrapschen** betasten, → *befummeln*.

**beharkt** dumm, nicht bei Verstand.

**beibleiben** fortfahren, weitermachen.

**beibringen** lehren. Androhung von Schlägen: »Dir werd'ick de Flötentöne beibringen.«

**Bei-mir-Wendungen** die vor allem in den 20er Jahren aufkamen. »Bei mir - Taschenuhr« = »Dich kann ich alle Tage aufziehen!« oder auch »Du kannst mir gestohlen bleiben!«

**Bein** tritt in zahlreichen Redewendungen auf. Bereits im 19. Jh. »Dir werd' ick Beene machen«, dir werde ich auf die Sprünge helfen. »Nimm die Beene in die Hand!« ist eine Aufforderung zur Eile bzw. zur Flucht, jemand, der sich nicht überarbeitet, »reißt sich keen Been aus.« Ein dicker Mensch wird als »Pfannkuchen mit Beene« bezeichnet, eine Mahnung kann umschrieben werden mit »Den müssen wa uff de Beene treten!«, hingegen sagt man über jemanden, der eifrig ist: »Der is mit beede Beene rinjesprungen.« Die **Jebrüder Beeneken** meint die Füße.

**Beenbruch** »Dit is doch keen Beenbruch.«, es ist nicht weiter schlimm.

**bekaspern** (jidd. kaswen = lügen) etwas bereden.

**bekaufen** sich ungünstig einkaufen.

**bekloppt** dumm, schwer von Begriff. Abgeleitet von Schläge (→ *Kloppe*) auf den Kopf bekommen.

**beknackt** verrückt, dumm. Von frühnhd. knacken = einen Sprung, Riß bekommen.

**bekotzt** »Der macht heut wieder 'n janz Bekotzten.«, er macht auf vornehm.

**belatschern** jemandem etwas aufschwätzen, jemanden rumkriegen, etwas zu tun, jemanden vollquatschen.

**Bellermann** Hund.

**bemogeln** jem. betrügen.

**Bemme** (sächs.) selten für Brotschnitte. → auch *Stulle*. Bei Luther 1532 als ›butterbam‹ belegt.

**Bengel** frecher Junge.

**Benimm** bzw. **Benimmse** Benehmen, Anstand. »Der hat ja überhaupt keen Benimm.«

**beölen** »Ick könnt ma beölen.«, kaputt lachen. Mit Bezug auf ölen = harnen.

**beräbbeln** bezahlen, abgeleitet von → *berappen*.

**berappen** bezahlen. Abgeleitet vom Rappen, einer älteren Münze, deren Adlerkopf als Rappe (= Rabe) verspottet wurde. Auch substantivisch **Berappung**: »Jetz kommt 'ne schöne Berappungsarie«, es muß noch ganz schön was bezahlt werden.

**Berg** »über den Berg gehen«, früher nach Spandau ins Gefängnis kommen. Bezog sich auf den Berg bei Charlottenburg zwischen Berlin und Spandau. Wer heute »über'n Berg is«, ist soweit genesen, daß das Schlimmste überstanden ist.

**Berolina** → *Bärenlina*.

**berühmt** »Dit is nich berühmt«, das ist nichts Besonderes, nichts Gutes.

**berumpsen** betrügen.

**Bescheid stoßen** »Den werd' ick Bescheid stoßen.«, den werde ich zurechtweisen, ihm mit Nachdruck meine Meinung sagen.

**bescheuert** dumm, → *bekloppt.*

**beschickert** (jidd.) leicht angetrunken. Auch angeschickert.

**beschlafen** überlegen. »Dit muß ick ma' noch beschlafen!«

**beschmuddeln** (nd. smuddelig = schmutzig) beschmutzen.

**beschnuppern** beriechen, jemanden näher kennenlernen.

**beschnurgelt** betrunken.

**beschummeln** betrügen.

**beschupsen** betrügen, besonders beim Kartenspiel.

**beschwipp(s)t** im 19. Jh. für betrunken.

**Besen** »Ick fress'n Besen!« Ausruf des Erstaunens.

**besengt** (ahd. bisengen = an-, verbrennen) verrückt.

**bestellen** »Der sieht aus wie bestellt und nich abjeholt.«, wie verloren aussehen.

**Besuchsbesen** Blumenstrauß

**betäuben** betrügen.

**betalpschen** betasten.

**Betteltanz** Lärm. »Jetz fängt der Betteltanz schon wieder an!«

**Bettflunder** Wanze.

**bezähmen** sich einen trinken.

**bibbern** 1. frieren, zittern. 2. sich auf den Weg machen.

**Bibi** auch **Bibifax** früher für Zylinderhut. Von Bibi für Biberpelz.

**Biene** flottes, hübsches Mädchen.

**Bierbaß** grobe Baßstimme, tiefe Stimmlage durch häufiges Betrinken.

**Bierbauch** dicker Bauch.

**Biergeld** Trinkgeld.

**Biertante** weibliche Bedienung in einer → *Kneipe*.

**Bifi** (jgdsprl.) Kontrolleur der Berliner Verkehrsbetriebe (BVG). Mit Anspielung auf die kleine Salami Bi-Fi; auch im Sinne von ›er ist ein kleines Würstchen‹.

**Bimbam** »Ach du heil'jer Bimbam!« Ausruf des Erstaunens, wenn ein Mißgeschick passiert ist.

**Bimse** Prügel. Vorwiegend gebraucht als Verb **verbimsen**. »Den ham wa ordentlich verbimst.« Abgeleitet von bimsen = schinden, drillen, das in der Soldatensprache des 19. Jhs. in dieser Bedeutung belegt ist.

**Binde** für Halsbinde. »sich eenen hinter die Binde kippen«, sich betrinken. Um 1800 aufgekommen, als Kragen noch unbekannt waren.

**Binsen** »in de Binsen geh'n«, verlorengehen, kaputt gehen. Abgeleitet aus der Jägersprache vom Wild, das im Binsengebüsch verschwunden ist.

**Birne** Kopf. »Dit riecht hier so nach Obst, hat eener vielleicht 'ne matsch'je Birne?«

**Bisse** keifiges Weib.

**blaffen** schimpfen, meckern.

**Blaffke** spöttisch für ›feiner Herr‹.

**Blak** (nd. Ruß) Unsinn. »Quatsch doch nich so'n Blak!«

**Blaken** Kinder.

**blamieren** (frz. blâmer = tadeln) »Der blamiert die janze Innung.«, all seine Freunde und Kollegen.

**Blanker** (ostberl.) reines Benzin/Super statt Benzin-Öl-Gemisch. Vgl. auch frz. ›blanc‹ in der Bedeutung ›sauber, rein‹.

**Blase** »Die janze Blase«, die ganze Gesellschaft, die ganze Verwandtschaft. Generell für eine Ansammlung unerwünschter oder unsympathischer Menschen. Stammt aus der Studentensprache des 19. Jhs. und war ein Scheltwort für eine lose Studentenverbindung.

**blau** 1. betrunken. »Nach dem Fusel biste blau wie 'ne Radehacke.« Abgeleitet vom Schwindelgefühl, das seit dem 16. Jh. in folgender Wendung ausgedrückt ist: »Mir wird blau (schwarz) vor Augen.« Der Betrunkene ist so voll wie die mit Erde, Unkraut und Wurzeln gefüllte Radehacke.

**Blech** Unsinn. »Red' doch keen Blech!«

**blechen** (stud. 18. Jh.) bezahlen.

**Blechkremser** Nostalgische Bezeichnung für die nicht mehr vorhandene Straßenbahn. Mit Bezug auf den Kremser, einem Pferdewagen, benannt nach dem Berliner Hofrat Kremser, der Anfang des 19. Jhs. die Erlaubnis erhielt, am Brandenburger Tor die Wagen zu vermieten und fahren zu lassen.

**Blechmesse** Autoausstellung.

**Blei** (schülsprl. seit dem 19. Jh.) Bleistift. Anstelle von *zum Beispiel* sagt man auch **zum Bleistift**.

**Blindenwasser** Wodka.

**blöde** dumm. Für Personen: **Blödhammel**, **Blödmann**, **Blödian**. »Dit is'n Blödian.«, der hat keine Ahnung. Um eine Aussage zu verstärken: »Dit is blödsinnig teuer.«

**Blonde** »eine kühle Blonde«, eine Glas Berliner Weißbier. Vielleicht in Nachahmung von frz. ›une bière blonde‹.

**Blubberfritze** Jemand, der undeutlich spricht. Aber auch jemand, der immerzu rummeckert. Zusammensetzung aus umgs. blubbern = hastig und unüberlegt sprechen und → *Fritze*.

**Blubberkopp** → wie *Blubberfritze*.

**blümerant** (frz. bleu mourant, mattblau) unwohl, matt. »Ick fühl ma janz blümerant.« Im 19. Jh. nach der Farbe, die Ohnmächtige zeigen, umgedeutet.

**Blümchenkaffee** »schwarzer Kaffee«, der so durchsichtig ist, daß die auf dem Boden der Tasse gemalten Blumen zu sehen sind.

**Blumentopp** »Da kannste kenn Blumentopp jewinn'.«, da kannst du nichts erreichen. Basiert auf Jahrmarktsverlosungen mit Blumentopfgewinn.

**Blutblase** (ostberl.) rote Mütze der Bahnsteigaufsicht.

**bockig** ungezogen, halsstarrig.

**Bockmist** 1. Blödsinn, Quatsch. »Red doch bloß nich wieder so'n Bockmist.« 2. Unsinn: »Mach bloß keen Bockmist!« Bockmist (Kot des Bocks) verstärkt den Begriff Mist = Blödsinn.

**Bockschein** gesundheitspolizeiliche Bescheinigung für Prostituierte.

**Bodenäpfel** Kartoffeln. Vgl. frz. pommes de terres.

**Bohne** »Der hat ja nich die Bohne Ahnung.«, nicht die geringste Ahnung haben.

**Bohnenbrühe** Kaffee.

**Bohnenstange** hagere Person, dünner Mensch.

**bölken** rulpsen. Wahrscheinlich abgeleitet aus ›blöken‹.

**Bolle** 1. Zwiebel (lat. cibolla, mnd. sibbolle). Auch für 2. Armbanduhr, 3. Kartoffel und 4. Loch im Strumpf. »Leck' mir die Bollen!«, laß mich in Ruhe. »Sich freuen wie Bolle uff'm Milchwagen« leitet sich von den Kutschern der früheren Berliner Molkerei ab, die auf Pferdewagen laut bimmelnd die Milch brachten und als volkstümliche Figuren populär waren. »Sich wie Bolle amüsieren« fußt auf dem Berliner Lied mit dem Kehrreim: »Aber dennoch hat sich Bolle janz köstlich amüsiert«.

**Bollenpiepen** Lauch.

**bolzen** lärmen, sich prügeln, aber ebenso für regelwidrig Fußball spielen.

**Bombenschmeißer** im 19. Jh. sarkastisch für Artillerieoffizier.

**Bommel** 1. Ohrring, 2. Troddel und 3. Quaste.

**bonfortionös** (frz. bon + fort + Endung) außerordentlich, wunderbar.

**bong** (frz. bon) gut, in Ordnung.

**Bonnis Ranch** Karl-Bonhoeffer-Nervenklinik in Berlin-Wittenau.

**Bonnje** (sorb. banja = Kopf) Kopf. Eine »kahle Bonnje mit Spielwiese« ist eine Glatze mit Haarkranz.

**Bonzenheber** Fahrstuhl.

**Bonzenschleuder** (ostberl.) PKW-Wolga aus sowjetischer Produktion.

**Boofke** (nd. buff = flegelhaft) ursprünglich Schifferknecht, heute für einen ungehobelten Kerl mit Geld, aber ohne Manieren.

**botten** laufen, traben. Insbesondere **losbotten**. Substantivisch für Stiefel, Schuhe (frz. botte).

**Boulette** → *Bulette*.

**Bowel** Ramsch.

**brabbeln** undeutlich sprechen, insbesondere »in seinen Bart brabbeln.«

**bramsig** (nordd.) prahlerisch.

**Bräsicke** wer »wie Bräsicke dasitzt«, der fühlt sich wohl.

**Brass** (mnd. bras = Lärm) Zorn, Wut.

**braten** »Nu brat' mir eener 'n Storch!« - Ausdruck des Erstaunens. Den **Braten riechen**, etwas merken. Jemandem »eene braten«, ihm eine runterhauen. Mit einer Frau, die »nen Braten inner Röhre hat«, wird nicht unbedingt eine Frau bezeichnet, die gerade einen Braten zubereitet, sondern die schwanger ist. »Keen Hemd uff'm Arsch, aber schon 'n Braten inna Röhre!«

**Bratenrock** Festkleid.

**Bratenstipper** Frack.

**Brathahn** eine Person, die man beim Spiel o. a. leicht ausnehmen kann.

**Bratkartoffelverhältnis** Liebesverhältnis ohne Eheversprechen.

**bratschig** prahlerisch.

**Bratschleiche** häßliche Frau.

**Braunbier** »Er sieht aus wie Braunbier mit Spucke.«, blaß, krank.

**Braunschweiger Fensterkitt** Kot.

**Braut** Freundin. »Haste meine Braut jeseh'n?« Abgeleitet von der aus dem Omd. stammenden Bedeutung »Verlobte«.

**Brechmittel** »Der ist dit reine Brechmittel.«, der ist ein widerwärtiger Mensch.

**Bredullje** oder **Bedrullje** Schwierigkeit (frz. être breduillé in Schwierigkeiten sein). »Jetz sitzen wa janz schön inner Bredullje.«

**Bregenpanne** »Der hat 'ne Bregenpanne.«, der ist verrückt. Auch **bregenklüterich** → *bekloppt.*

**breitschlagen** überreden.

**Bremsklotz** für → *Bulette.*

**Briefmarke** »Dein Kopp uff der Briefmarke, und die Post jeht Pleite.«

**Brieze, Briezkeule** Bruder, Schwester (vgl. obs. Brizel Junge). Seit 1850.

**Brot** »Dit frißt uns keen Brot.«, das kann länger aufbewahrt werden, das hat Zeit.

**Brüsche** Beule am Kopf. Jemand, der übereifrig ist, »läuft sich Brüschen«.

**bubbern** pochen, klopfen.

**Buch** »Wenn de so weitermachst, krist 'ne Ohrfeige, wie't im Buche steht.«, also eine vorbildliche.

**Buchte** Bett. Mnd. neben ›Biegung‹ auch ›Stall, Pferch‹.

**Buckel einziehen** sich zurückziehen, kneifen.

**Bucker** 1. große Murmel. »'nen Bucker schieben« gleich »'ne ruhige Kugel schieben«, was meint langsam und ruhig arbeiten. 2. Kopf, 3. großes Ding und 4. Brüste der Frau.

**Buddel** (frz. bouteille) Flasche.

**buddeln** graben. Das Substantiv **Buddelei** bezeichnet Arbeiten beim Straßenbau. Wenn Kinder **buddeln**, spielen sie mit Sand. Vgl. engl. to paddle.

**Bude** (md.) Laden, Zimmer, Wohnung.

**Budike** (frz. boutique) Laden, Kneipe. Heute kaum noch gebräuchlich.

**Bückling** »Bücklinge machen«, sich devot verbeugen.

**Bügelbrett** flachbrüstige Frau.

**büschen** ein Kind schaukeln. Bei Glaßbrenner: »Er soll man blos die Kleene en bisken büschen.«

**buffen** (mhd. puff = Stoß) herumstoßen, anstoßen.

**Bulette** 1. Frikadelle. Ob Ketchup oder Curry dazugehört, sei dahingestellt. Eines aber ist gewiß: ob Arbeiter, Angestellter oder Professor - jeder hat sie schon mal gegessen, und jeder Berliner kennt ihren Namen. Das Wahrzeichen der Berliner Speisekarte ist allen bekannt, weniger jedoch ihr hochdeutscher Name. Wahrscheinlich wurde die Bulette von den Hugenotten mitgebracht, auf jeden Fall leitet sich ihr Name von boulette, d. h. Fleischkügelchen, ab. Einen hohen Fleischgehalt der Bulette scheinen die Berliner allerdings zu bezweifeln, warum sonst hätte die Bulette Spitznamen wie *Bäckerbraten*, *Semmeltörtchen* oder *Kampfbrötchen*. 2. ironisch für Polizistin und 3. Frauenbrust.

**Bulle** 1. Polizist. Ein Streifenwagen heißt folgerichtig **Bullentaxe**. 2. → *Bulette* und 3. Elektrolok der Industriebahn in Schöneweide.

**Bullenwinkel** allgemein für FKK-Strand, abgeleitet vom Berliner FKK-Strand namens Bullenwinkel.

**Bullerkopp** aufgeregter Mensch, Choleriker.

**bullern** 1. meckern. 2. Wenn der Ofen bullert, dann verströmt er eine starke Wärme. Variante zu ›poltern‹, frühnhd. bollern.

**Bulli** 1. Kurzform für → *Bulette* und 2. VW-Bus.

**bummern** mit den Fäusten trommeln, z. B. gegen die Tür.

**Bums** obskure Kneipe. »Uff'n Bums jeh'n«, z. B. ein Vergnügungslokal in der Potsdamer Straße besuchen. Auch **Bumskeller**, im 19. Jh. für Viktualienkeller.

**bumsig** tölpelhaft.

**Bumskeule** früher Bezeichnung für die Frucht der Rohrkolbe, heute für Kopf.

**Bumskopp** Dickschädel.

**Butter** »Allet in Butter!«, alles in Ordnung.

**Butterblume** für Löwenzahn.

**Butterbrot** »für'n Butterbrot verkoof'n«, etwas billig verkaufen, vgl. frz. pour un morceau de pain. Gleich »für'n Appel und 'n Ei verkoof'n.«

**Butterfritze** Butterverkäufer. → auch *Fritze*.

**Butterstullen schmeißen** einen flachen Stein so über das Wasser werfen, daß er in mehreren Sprüngen über das Wasser hüpft.

**Butze** (nd. butt = stumpf, plump) 1. dummes Mädchen und 2. eine Frau, die mit jemandem ein Verhältnis hat, der sie nicht heiraten will.

## C

**Café Karo** → *Rotunde*

**Cavalleriker** im 19. Jh. für Cavallerie-Offizier.

**Chamberjarniste** Untermieter (frz. chambre garnie). Glaßbrenner: »Der Eene wohnt Chamber und der Andre Jarnie.«

**Champagnerweiße** Weißbier. → *Weiße.*

**Chansonettenbrüstchen** ironisch für → *Bulette.*

**Charité** ältestes Berliner Krankenhaus, in Berlin-Mitte gelegen. In der Drohung: »Hast wohl lange nich mit'm verbundenen Kopp aus 'm Charitéfenster jekiekt.«

**Charlottenburger** Nase ohne Taschentuch mit einem kräftigen Schneuzer entleeren. Soll auf die als rohe Kerle bekannten Fuhrleute zurückgehen, die vom Brandenburger Tor nach Charlottenburg fuhren.

**Cheese** (frz. chaise = Stuhl) Auto. »Der fährt 'ne alte Eiercheese.«

**Cislaweng** gesprochen »Schißlaweng« (von frz. ainsi cela vint = so ging das vor sich). Wer etwas »mit einem Cislaweng« tut, der macht es mit Schwung, mit einem Griff, mit Leichtigkeit, mit verblüffender Schnelligkeit.

**Cognacpumpe** Herz

## D

**dabehalten** bei sich behalten. »Soll ick den Köter dabehalten?«

**Dach** jemandem »uff't Dach steigen«, jemanden bestrafen. Auch Androhung von Schlägen: »Paß uff, krist gleich wat uff't Dach«.

**Dachpappe** Klopapier.

**Dachrinne** »Der is so lang, daß er aus de Dachrinne saufen kann.«

**Dachstübchen** Kopf. »Der tickt ja nich richtig im Dachstübchen.«

**Däderädä** Lautwort für DDR.

**Daffke** (jidd. dawko = gewiß, durchaus) etwas »aus Daffke machen«, etwas aus Eigensinn oder Trotz tun bzw. nicht tun. »Aus reinem Daffke bin ick nich mitjekomm'.«

**dahkig** finster (engl. dark).

**Dalldorf** So wurde früher der Ortsteil Wittenau bezeichnet, weil sich dort eine »Irrenanstalt« befand. »Der jehört nach Dalldorf.« »Der is aus Dalldorf entsprungen.«

**Dalles** (jidd. dallus Armut) Geldmangel.

**dalli** (poln. dalej) flink, vorwärts. »Nu mach mal 'n bißchen dalli!«, nun beeil dich mal.

**Damendiesel** Parfum.

**dämlich** (nd.) dumm. Ein Dummkopf wird als **Däm(e)lack** (slw. Endung -ack) oder **Dämelsack** bezeichnet. Für jemanden, der ausgesprochen dumm ist, heißt es: »Der Kerl is mit'm Dämelsack jepudert.«

**Damm** 1. »uff'n Damm sein«, gesund sein. »Bleib uff'n Damm!« = »Bleib gesund!« oder auch »Bleib ruhig!« 2. Fahrbahn im Gegensatz zum Fußweg.

**Dampf** 1. »Ick werd' mal 'n bißchen Dampf dahinter machen.«, ich werde etwas beschleunigen. 2. »Nu laß mal Dampf ab.«, nun beruhig dich mal. 3. Jemandem »Dampf unter'n Hintern machen«, ihn veranlassen, eine Tätigkeit schneller auszuführen.

**Dampfschornstein** im 19. Jh. für Zylinderhut.

**dancen** tanzen. Heute wohl jugsprl. Anglizismus, aber auch bereits im 19. Jh. belegt und über die nd. Aussprache des anlautenden ›t‹ zu erklären.

**danke** gut. »Und sonst jeht's danke?«

**davor** wie hochdeutsch dafür.

**d.b.d.d.h.k.P.** »Doof bleibt doof, da helfen keene Pillen.«

**Deckel** im 19. Jh. für Zylinderhut, heute allgemein für Hut. Drohend: »Krist gleich een's uff'n Deckel.«

**Deez** (frz. tête) Kopf. Taucht häufig in Form einer Drohung auf: »Dir hau ick een's uff'n Deez, daß de aus de Rippen kiekst wie'n Affe durch't Jitter.«

**Deibel** (nd.) Teufel. In vielen Redewendungen: »Den Deibel nochmal!«, »Dit is 'n Deibel!«, »Da kommste in Deibels Küche.«, etc.

**Demse** stickige, drückende Luft. Aus dem Obs. nach 1945.

**Denkste** »Denkste!«, da hast du falsch gedacht (zurückweisende Antwort). Verschleifung von »Denkst du!« Auch: »Dit is 'n typischer Fall von Denkste.«, ein typischer Fall dafür, daß sich jemand geirrt hat.

**Denkmurmel** Kopf.

**Destille** früher für Kneipe. Abgeleitet von der Destillationsanstalt. Ein geflügeltes Wort, als Zille noch sein Stammlokal »Zur quietschvergnügten Drehorgel« besuchte: »Ejal, wo der Berliner mit eenem Oooge hinkiekt - mit's andre kiekta inne Destille.«

**dicht** »Dicht daneben is ooch vorbei.« Spöttischer Kommentar für eine nicht gelungene Handlung.

**dick(e) haben** etwas satt haben, von etwas genug haben, einer Sache überdrüssig sein. »Dit hab ick jetz endgültig dicke!«

**Dickus** Spöttische Anrede für einen dicken Schüler.

**Dickkopp** Mensch, der mit dem Kopf durch die Wand will, d.h., der starrköpfig ist und nicht von seinem Willen abweicht.

**Dienstbolzen** Dienstmädchen, Dienstbote.

**Diensteid** trinken. »Eenen uff'n Diensteid nehmen.«

**Dienstpote** Dienstbote. Wortspiel, das sich vermutlich aus »Dienstpfote« mit nd. gesprochenem ›p‹ ableitet.

**dieselig** schwindelig.

**direkt** geradezu, wirklich. »Dit is direkt schade.«

**direkt(e)mang** wie → *direkt.*

**Direx** schulspl. für Direktor.

**Dividendenjauche** helles Bier. Um im Jahre 1870 an der Börse Gewinne zu machen, erhöhte man die Dividende, was zu einem sog. Aktienbier führte, einem Bier minderer Qualität.

**Docht** »auf den Docht jeh'n«, auf die Nerven gehen.

**Dohle** früher Zylinderhut, heute allgemein für Hut.

**doktern** sich mit etwas intensiv beschäftigen, aber mit leicht negativem Beigeschmack. »Der muß immer war herumdoktern.! = »Der hat immer etwas zu tun.«

**Dollar** »einen harten Dollar schütten«, bezahlen.

**Dollarbrägen** Draufgänger.

**Donnerlittchen, Donnerlitken** Ausruf des Erstaunens. Die Endung -littchen ist eine Variante zu Lüchtig = Blitz.

**doof** (nd. taub) dumm. Seit Anfang des 20. Jhs. von Berlin aus im deutschen Sprachraum verbreitet. Es existieren zahlreiche Komposita, in der Regel Schimpfworte: **Doofkopp, doowe Nuß, doowe Sau, Dowie, Doowietz, etc.** → auch *d.b.d.d.h.k.P.*

**doppelt** Ein weißer Schimmel ist sozusagen »doppelt jemoppelt«. Aber beim Trinken gilt: »Uff een Been kann man nich stehen, doppelt hält besser.«

**Dösel** Dummkopf.

**dösig** benommen, schläfrig. Als Verb **döseln**, langsam arbeiten. **Dösel** oder **Döskopp** steht für Dummkopf.

**Draht** »uff Draht sein«, tüchtig, clever sein.

**Drahthexe** Beschimpfung einer Frau.

**drall** derb, fest. Ablautend zu drillen = drehen. Bezug auf eine Frau: »Die hat'n Drall!«, sie hat eine gute Figur oder sie ist sehr mollig.

**Draufgeld** Bei Glaßbrenner als Unterpfand für einen abgeschlossenen Handel.

**Dreck** starke Ablehnung für sehr wenig, gar nichts. Glaßbrenner: »Da hat mir der Staat en Dreck zu sagen.« Oder: »Da kümmer ick ma 'n Dreck drum.«

**Dreckbuddel** 1. Person, die im Dreck buddelt, im Schmutz wühlt; von daher auch für Putzfrau. 2. allgemein für jemanden, der schmutzig ist.

**Dreckliese** schmutziges Kind oder erwachsene Person.

**Dreckpatsche** im 19. Jh. für Infanterieoffizier.

**Dreckschleuder** Bezeichnung für jemanden, der sich gern übler Nachrede ergibt. Früher auch für Baggermaschine.

**Dreckschwalbe** früher umgs. für Maurer, heute als Schimpfwort für Frau.

**Drehbücher** Toilettenpapier-Rollen.

**Drehhahnbräu** für ein Glas Leitungswasser bei Tisch.

**drehen** »Dit wer'n wa schon drehen.«, hinkriegen, eine Sache schon machen.

**dreidoppelt** dreifach.

**Dreikäsehoch** kleiner Junge.

**dreist** 1. wirklich, 2. frech, 3. zuversichtlich und 4. unverschämt. »Laß den man dreist kommen.«, laß ihn mal ruhig kommen. »Dit is ja wirklich dreist von dem.«, unverschämt.

**Dremmel** 1. Furcht. 2. Drang. Jemand, »der 'n Dremmel hat«, muß dringend auf's Klo. Abgeleitet von dremmeln = drängen.

**Dresche** Prügel, Schläge. Substantivierung von Getreide dreschen.

**drippeln** tröpfeln, leicht regnen. Wenn es aus dem Wasserhahn tropft, heißt es **drippen**.

**dröhnen** jemanden ein paar knallen.

**Dröhnung haben** betrunken sein. Von umgs. dröhnen = sich betrinken, im Rausch sein.

**drömmeln gehen** zur Toilette gehen. → *Dremmel.*

**drucksen** mühsam herausbringen. Intensivbildung zu drucken = drücken. Auch herumdrucksen = nicht die Wahrheit sagen wollen.

**Drückeberger** jemand, der die Arbeit scheut, im 19. Jh. für jemand, der sich verkriecht.

**drum rumkommen** davonkommen. »Da sind wa ja nochmal drum rumjekomm'.«

**druselig** (nordd.) schläfrig, müde. Als Verb **drusseln** oder auch **eindrusseln**, gesprochen mit stimmhaftem s.

**Düsenklipper** Flugzeug.

**dufte** (jidd. toffte) großartig, prima. Wird heute gebraucht für die früheren Bezeichnungen → *knorke* und → *schnafte.*

**duhn** 1. betrunken. 2. völlig geschafft. Nd. Ursprungs, eigentlich »aufgeschwollen« zu dehnen und dunsen.

**dulli dulli** besonders gut.

**dumm** (mnd. dum = unerfahren, einfältig) Wird in zahlreichen Wendungen gebraucht. Weniger böse gemeint als es scheint: »Sie sind ja nich so dumm wie Se ausseh'n.« »Dumm jebor'n und nüscht dazujelernt.« Die Äußerung »Dit is dumm«, meint, daß eine Sache unangenehm ist.

**Dummerjahn** Dummkopf.

**Dummsdorf** Bereits bei Glaßbrenner die bekannte Sentenz: »«Wir sind hier ooch nich aus Dummsdorf.«, wir sind nicht dumm.

**dunnemals** damals. »Von anno dunnemals.« Von nd. dunn = damals.

**Dunnerwettsteen** Bei Glaßbrenner als Ausruf des Erstaunens. Wie → *Donnerlittchen.*

**dünne machen, sich** sich verkrümeln, sich zurückziehen.

**Dunst** »Du hast ja keenen Dunst!«, du hast ja davon keine Ahnung.

**Dunstkiepe** im 19. Jh. für einen Herrenhut mit hohem Boden.

**durchplumpsen** durchfallen.

**durchwachsen** mittelmäßig. Krankenschwester: »Na, wie jeht's denn heut?« - Patient: »Na, so durchwachsen.«

**durchwutschen** entwischen. Von umgs. durchwitchen.

**durschten** »Mir durschtet.« = Ich bin durstig.

**Dusel** Glück. »Mensch, da haste aber 'n Dusel jehabt.« Weiterentwicklung von nd. Dusel = Schlaf, Halbschlaf.

**dusemang** (frz. doucement) sacht, behutsam, leise, gesprochen mit stimmhaftem ›s‹ und natürlich dem typisch berlinischen Nasal, der jedem Südfranzosen das Herz höher schlagen läßt.

**Dussel** (nordd.) dummer Mensch, Dummkopf. → *Dusel*. Adj. **dusselig**.

**duster** dunkel, finster. Trachsel schreibt 1873: »›der dustere Keller‹, eine bekannte Kneipe am Fuße des Kreuzberges. In den Kunsthandlungen sah man vor einigen Jahren ein ganz schwarzes längliches Viereck, gedruckt auf weißem Papier mit der Inschrift: ›Berlin bei Nacht, vom dusteren Keller aus gesehen‹.«

**Dutt** (nd.) Haarknoten der Frauen, wird allgemein auch für Kopf gebraucht: »Der Ollen hätt ick am liebsten eens uff'n Dutt jeknallt.« »Haut ihm eens uff'n Dutt!«

## E

**Eau de Mief** Parfum.

**Ecke** nicht weiter definierte Entfernungsangabe: »Von hier bis zum Koofmann is 'ne janz schöne Ecke.«

**Eckensteher** (**Nante**) früher für Dienstmann. Nach der Titelfigur einer 1832 uraufgeführten Posse.

**Ede** Abkürzung von Eduard. Bezeichnung für Kumpel, Bruder, aber auch für leicht kriminelle Typen.

**Eecks** Ausruf des Abscheus.

**Ehestandslokomotive** Kinderwagen.

**Ehrensäbel** Ehrensache.

**ehrlich** wirklich, ungelogen. »Ick hab ehrlich wat zu tun.«

**ehrpusselig** (nordd.) spöttische Bezeichnung für ehrbares, sittsames, lobenswertes Verhalten. Ironisierung von ehrpusslig = sittsam, prüde, abgeleitet von pusseln = eine Arbeit geduldig verrichten.

**Ei** »Der sieht aus wie aus'm Ei jepellt.«, besonders schick, elegant. Jemanden »wie'n rohet Ei behandeln«, meint, ihn vorsichtig behandeln. Im Plural für Hoden: »Dir polier ick gleich de Eier!«, eine ernstzunehmende Androhung von Gewalt. Aber auch in der Bedeutung von Geld: »Ick hab nur noch zwanzich Eier.« Eine **Eierkiste** ist ein Auto, ein **Eierkopp** entweder ein nicht gerade rund geformter Kopf oder jemand, der schwer von Begriff ist. **Eierpampe** ist die Bezeichnung für mit Wasser vermischten Sand, wie ihn Kinder oftmals zum Schrecken ihrer Eltern in allerlei Hinsicht gebrauchen.

**eildieweil** für hd. weil (oft mit Hauptsatzstellung im Nebensatz). Wahrscheinlich entstanden aus »alldieweil« und »Eile mit Weile«.

**Einbildung** »Einbildung is ooch ’ne Bildung.«

**einen drauf machen** tanzen, feiern.

**einfuchsen** jemand, der eine Sache besonders gut kann, »is daruff besonders jut einjefuchst.« Aus der Studentensprache des 19. Jhs.

**Eingemachtes** »an’s Einjemachte jehen«, an die Reserven gehen.

**eingespundert** eingesperrt. Fußt wahrscheinlich auf mnd. Spinde = Schrank, Vorratsbehälter.

**einhandeln** etwas Unangenehmes bekommen. »Du handelst dir gleich ’ne Ohrfeige ein!«

**einkacheln** viel oder hastig essen.

**Einkriegezeck** Fangspiel.

**einleiern** etwas vorbereiten. »Dit hat der mir einjeleiert.«

**Einnehme** Kellnerin, Kassiererin.

**einnehmen** »Er hat ’n einnehmendet Wesen.«, d.h., er nimmt gern viel Geld ein, jemand »vom Stabe Nimm«.

**einpfeifen** essen oder auch trinken.

**einpummeln, sich** sich stark einhüllen, sich einwickeln, sich warm anziehen. → auch *anpummeln*.

**einrühren** etwas anrichten, einbrocken. »Da haste mir war einjerührt!«

**einstippen** (mnd. stippen = eintauchen) Brot in Milch eintauchen bzw. → *Schrippe* oder *Kekse* in Kaffee.

**einstuken** → *stuken*

**Eisbein** mit Erbspüree, Berliner Nationalgericht, in Bayern »Haxen« genannt. Aber natürlich auch die Bezeichnung für kalte Füße. In letzterer Bedeutung auch in der Drohung »Dem knick ick die Eisbeene!« **Eisbein mit Lenkstange** = Rollmops.

**Eisenbahn** »Et is höchste Eisenbahn.«, es ist höchste Zeit. Nach Glaßbrenner (1847): »Es ist die allerhöchste Eisenbahn, die Zeit ist schon von drei Stunden angekommen.«

**Eisente** prüde Frau.

**Ekel** (ostf. ekelen = verdrießen) widerwärtiger Mensch. Noch verstärkend: **Ekelpaket**. Man denke an den leicht berlinernden Alfred Tetzlaff aus der Fernsehserie »Ein Herz und eine Seele«.

**Elbkähne** große Schuhe.

**Ella** oder **Elle** Braut, Freundin, Schwester.

**Elsterauge** Hühnerauge.

**Eltern** »Dit is nich von schlechten Eltern.«, es ist hervorragend, besonders gut. »Eltern mit Pillenknick« sind kinderlos.

**Em** Mark, im Plural auch Emmchen.

**Embüdel** auch **Embiedel** Freund.

**Emmer** bei Glaßbrenner für Eimer.

**Emton** in der Regel mit dem Possessivpronomen »mein« verbunden. Wird für Personen gebraucht, die man kritisieren will, denen man etwas androht, die man aber gern hat und nicht weiter verletzen will. »Paß mal uff, mein Emton!«

**Ende** »Da is ja dit Ende von weg!«, Redensart, die als Ausdruck des Erstaunens gebraucht wird.

**ent oder weder** entweder - oder.

**Ente oder Trente** wie → *ent oder weder.*

**entfernt** »Dit macht sich von weiten sehr entfernt.« Von weitem betrachtet sieht das sehr gut aus (,aber eben nicht von nah).

**entrenanu** (frz. entre nous) unter uns.

**entschuldigen** »Können Se nich uffpassen?« - »Entschuld'jen Se, daß ick jebor'n bin.« Erstmalig 1845 in Berlin.

**Erbbegräbnis** Geschäft, Restaurant, das schon mehrfach bankrott gegangen ist oder seit langem nicht mehr blüht.

**Erholungsheim** Gefängnis. Früher Ausruf der Schaffner am Gefängnis Tegel: »Erholungsheim - will jemand aussteigen?«

**Ersatzspiel** Hasardspiel.

**erschossen sein** erschöpft sein. »Ick fühl ma heute wie erschossen.«

**erstensmal zweetensmal...** zum ersten, u.s.w., beim Anführen von Gründen.

**erzählen** 1. beauftragen. 2. einreden, weismachen: »Mir könn' Se nüscht erzähl'n!«

**Eskimoflip** Wasser. Fuß auf umgs. Eskimo = hochprozentiges alkoholisches Getränk.

**Essig** »Damit is Essig!«, damit ist es vorbei, mit dieser Hoffnung ist es aus.

**etepetete** pedantisch genau, zimperlich. Fußt wahrscheinlich nicht auf frz. etre peut-etre ›im Zweifel sein‹, wie oftmals angenommen, sondern auf nd. öt(e), entrundet ete, ›geziert, zärtlich, überfein‹, das ironisierend verdoppelt wurde.

**Eternitplätzchen** für → *Bulette.*

**Eule** 1. häßliche Frau, 2. Bruder, 3. Kopf.

**Eumel** Kopf, aber auch als Schimpfwort gebraucht im Sinne von Dummkopf: »Du alter Eumel, du!«

**Extramuros** im 19. Jh. für Zigarre. Von lat. extra muros = außerhalb der Zimmerwände.

**Extrawurst** etwas Besonderes. »Ick hab keene Lust, dir 'ne Extrawurscht zu braten.« Auch aus der ›Reihe tanzen‹.

# F

**fackeln** zögern. »Fackeln Se nich so lange«.

**Fahrrad** Brille.

**Fahrschein verlangen** die Rechnung verlangen. Aus dem Straßenbahnerjargon übernommen: »Noch jemand ohne Fahrschein?« im Sinne von »Noch einen Wunsch?«

**Fall** »Dit is nich mein Fall.«, d. h., jemandem paßt etwas nicht, mißfällt ihm.

**Falle** Bett. »Ab in die Falle!« Vermutlich verkürzt aus Wanzenfalle.

**Familienknicker** spöttisch für einen großen Regenschirm.

**falsch** böse, wütend auf. »Uff den Kerl bin ick falsch!« Ein **falscher Fuffziger** bezeichnet eine hinterlistige Person.

**Fangeisen** Ehering.

**Faßbrause** Apfelbrause von Faß. Nur in Berlin erhältlich und äußerst köstlich und erfrischend.

**Fantaska aus der Bodenluke** Bezeichnung für Frau.

**Fatzen** Stück Frühstücksbrot.

**Fatzke** eitler, aufgeblasener Mensch. »Sie oller Fatzke!« Auch Appelfatzke und Hannefatzke. Wahrscheinlich nicht abgeleitet von frühnhd. fatzen = spotten und nd. Endung -ken, sondern auf den Vokativ des poln. Vornamens Wacek, was auf tschech. Václav zurückgeht. Man vgl. auch scharwenzeln = übereifrig den Hof machen.

**faul** schlecht, unzuverlässig. »Mach bloß keene faulen Witze!«

**Faulfieber** Trägheit. Ursprünglich umgs. geheuchelte Krankheit fauler Schüler und Arbeitsscheuer.

**Faust** Wenn etwas überhaupt nicht zusammenpaßt, heißt es: »Dit paßt wie die Faust uff's Ooge.« Fußt auf einer Maßangabe.

**faustdick** jemand, »der es faustdick hinter den Ohren hat«, ist mit allen Wassern gewaschen.

**Faxen** Gesten, Gebärden, um bei anderen Lachen zu erregen. Im übertragenen Sinne auch »dumme Späße«. Hat man von etwas genug, sagt man: »Jetz hab ick aber die Faxen dicke!« Entweder entstanden aus mundartlich fickfacken = hin- und herlaufen oder fatzen = spotten.

**Federball** »uff'n Federball jeh'n«, zu Bett gehen.

**Feez** (frz. fête = Fest, Feier) Vergnügen, Spaß, Unsinn. »Mach doch nich so 'nen Feez.« (→ *Fete*).

**fegen** schnell laufen. »Da kommt er anjefecht.« Ein Feger ist nicht nur ein Handfeger, sondern bezeichnet eine Frau, die außerordentlich gut aussieht («ein irrer Fejer«).

**Feierabend** »Nu is Feierabend!«, jetzt reicht es.

**feierlich** »Mir is heut ja nich feierlich zumute.«, ich fühle mich in diser Situation nicht wohl.

**feiger Hund** Schwächling, → *Schlappschwanz*.

**feixen** dumm, verstohlen oder albern lachen. Nordd. Feix = Dümmling.

**Fell** Haut. Drohend: »Dem zieh' ick dit Fell über die Ohren.« »Der hat'n dicket Fell.«, er ist unempfindlich, daher belastbar. Aus dem Jargon der Abdecker des 17. Jhs.

**Ferkeltaxe** (ostberl.) Schienenbus mit Gangschaltung.

**fertig** 1. imstande sein, etwas zu tun: »Dit kriegt der fertig!« 2. müde, erledigt sein: »Ick bin (fix und) fertig.«

**feste** kräftig, ordentlich. »Immer feste druff!« Von Berliner Soldaten im Kampf gegen Napoleon (1813) stammt die Wendung: »Immer feste auf die Weste!«

**Festessen** ironisch für Vergnügen: »Es war mir ein Festessen.«

**Fete** (jgdsprl., von frz. fête = Fest, Feier) für Fest, Party. Von daher auch ›feten‹ für ›tanzen‹.

**Fett** im negativen Sinne für Lohn. »Der hat sein Fett weg bekommen.«

**Fettlebe** »Heut machen wa eenen uff Fettlebe.«, heute lassen wir es uns gut ergehen.

**Fettsack** Schimpfwort für extrem fette Menschen.

**fetzen** (frz. fête, → *Fete*, *Feez*) »Dit fetzt!«, jgdsprl. ›das haut rein‹, ›das ist stark‹. Im 19. Jh. allerdings bereits als alltagssprachlich verzeichnet. Davon abgeleitet **fetzig**.

**Fetzen** Stück. »Dir hau ick in Fetzen!« Von spätmhd. vetze = Lumpen, abgerissenes Kleidungsstück.

**Feuermelder** rote Nase.

**ff.** sehr gut, ausgezeichnet. »Berlinisch kann ick aus'm ff.« Auch Abkürzung von »Feinstes vom Feinen«. Früher im Lebensmittelhandel üblich, z.B. »ff. Speiseöl« oder »ff. Leberwurst«.

**fiepen** 1. winseln, 2. leise pfeifen

**fies** (mnd. vis) ekelhaft, widerlich, abstoßend. Ein **Fiesling** ist ein Mensch mit miesem Charakter.

**Fiesbiedelhoppsack** Peitsche.

**Fiesematenten** unnötige Umstände, Streiche, Schikanen. Drohend: »Mach bloß keene Fiesematenten.«

**fiestlau** lauwarm, wie umgs. pupwarm. Basiert auf nordd. Fiest = leise entweichender Darmwind.

**Figur** Person, Type. »Kiek da mal die Fijuren an, wie die ausseh'n!«

**Filzlatschenkino** Fernseher.

**Fimmel** »Der hat doch 'n Fimmel!«, der leidet an Größenwahn, der spinnt. Wahrscheinlich abgeleitet von fummeln, fimmeln = suchend herumtasten, umhertappen.

**fingern** erreichen. »Wir wer'n dit Ding schon fingern.« = Wir werden die Sache schon schaukeln. »Finger da nich mit deine unejalen Hände rum.« = Laß die Finger weg!

**Finkennapp** kleines Gefäß, insbesondere kleines Glas oder Tasse.

**fipsig** (nordd.) klein und gleichzeitig niedlich.

**Firlefanz** etwas Überflüssiges, Unfug, Blödsinn. »Wat is'n dit für 'n Firlefanz?« Aus mhd. firlifanz = eine Art Tanz.

**Fischköppe** (westberl.) spöttische Bezeichnung für die Bewohner der norddeutschen Küstengegenden, (ostberl.) für die Mecklenburger.

**fistern** hinauswerfen. Bei Trachsel 1873: »Ick werd dir jleich rausfistern« (= mach, daß du wegkommst).

**flach** »Mittachessen fällt heut flach.«, fällt heute aus.

**Flachmann** kleine Taschenflasche mit Alkohol.

**Flamme** 1. Freundin und 2. Streichholz.

**Flappe** mürrisch verzogener Mund. »Zieh doch nich so'ne Flappe.« Im Nd. Flabbe = herunterhängende Unterlippe. Vgl. engl. to flap = lose herunterhängen, schlagen.

**Flaps** Im 19. Jh. für Zylinderhut, heute für einen Menschen, ›der den Ernst des Lebens noch nicht begriffen hat‹. Gehört zu → *Flappe*. Einen »Flaps kriegen« = einen leichten Schlag erhalten.

**Flattermann** Brathähnchen. Einen **Flattermann kriejen** meint »Angst bekommen«. Abwandlung von »einen Flattermann haben«, das heißt Händezittern, Liderzucken o.ä. haben.

**Flax** Spaß, Unsinn. »Du bist wohl ooch her, wo der Flax blüht?« = Du bist wohl auch ein spaßiger Mensch?

**Fleck** »Machen Se sich mal nich 'n Fleck uff't Hemde.«, haben/zieren Sie sich nicht so.

**Fleckfieber** für Personen, die einem lästig werden, weil sie einen nicht in Ruhe lassen. Insbesondere für Kinder, die (immer wieder) einem die Ruhe stehlen.

**Fleischbeschauung** FKK-Strand-Besucher »jeh'n zur Fleischbeschauung.«

**Flez** wie → *Flegel*, auch als Verb. Wer sich irgendwo hinfle(t)zt, der lümmelt sich hin, breitet sich aus.

**Fliege** »'ne Flieje machen«, flüchten.

**fliegen** eilen. »Ick flieje ja schon!«

**fliegende Untertasse** Nonne.

**flippen** (jgdsprl., engl. to flip = schnipsen, schnellen) ausgelassen tanzen, ausgelassen sein. → auch *rumflippen*.

**Flitz haben** verrückt sein. Von mnd. flitse = Pfeil.

**Flitzpiepe** 1. ein nicht ernstzunehmener Mensch, 2. Penis. → *Pfeife*.

**flötengehen** verlorengehen. »Jestern war ick uff 'ner Fete, da is ma dit Portemonnaie flöten jejangen.« Wahrscheinlich von mnd. vlöten = fließen, schwimmen, treiben.

**Flötentöne** Drohend: »Dir werd' ick die Flötentöne beibringen!«

**Flocke** »'ne Flocke machen«, verschwinden. Fußt auf dem Bild einer im Schnee verschwindenden Schneeflocke.

**Flohkiste** Bett.

**Flohleiter** Laufmasche.

**Flosse** Hand. »Wenn man ›juten Tach‹ sacht, denn jibt man die Flosse.« Übertragen von den Fischflossen.

**Flunder** (mnd. vlunder) Eine Frau, die »platt wie 'ne Flunder is«, ist flachbrüstig. »Bei mir Flunder.« = Ich bin platt vor Staunen.

**Flunken** Hände.

**Flunsch** vorgeschobene Unterlippe als Zeichen von Unzufriedenheit. »Weeß ooch nich, warum die immer so'n Flunsch zieht.«

**flüstern** sagen. Euphemistischer Gebrauch in der Drohung: »Dit eene kann ick dir flüstern...«

**Flüstertüte** Megaphon.

**flutschen** 1. eine Arbeit, die rasch vorwärts, die rasch von der Hand geht. Bei Trachsel 1873 in diesem Sinne unter **fluschen** als Pommerscher Dialekt vermerkt. 2. entwischen. Von flutschen mnd. sich hastig bewegen und/oder omd. von der Hand gehen, vorankommen.

**for naß** umsonst. Bildung zu rotw. naß = ohne Geld und engl. for nothing. → auch *Nassauer*.

**forsch** dynamisch, stark, draufgängerisch. Von mnd. forse = Kraft.

**forschieren** im 19. Jh. für zwingen. Von → *forsch*.

**fortkrepeln** → *krepeln*.

**Forzmolle** Bett → auch *Molle*.

**Fratze** Gesicht.

**frech** »Frech wie Oskar.« Anstelle von »Ich bin so frei!« sagt der Berliner auch »Ick bin so frech!«

**Freimaurerzigarre** im 19. Jh. für Zigarre.

**Fressalien** Essen.

**Fresse** Mund. Insbesondere in Drohungen gebraucht: »Halt die Fresse!« »Dem könnt ick stundenlang inne Fresse hau'n.« »'ne Fresse ziehen« meint schmollen, der Ausruf »Meine Fresse!« drückt maßloses Erstaunen aus.

**Fressen** »Dit is 'n jefundenet Fressen für mich.«, das kommt mir gerade recht/zupaß.

**Fress-Ex** (ostberl.) für die Exquisitläden, in denen ein reichhaltiges Warenangebot zur Verfügung stand, das allerdings nur gegen extrem hohe Preise vom DDR-Bürger genutzt werden konnte.

**Friedhofsgemüse** 1. ironisch für welke Blumen und 2. für eine Gruppe von Menschen, deren Schicksal unausweichlich erscheint. 3. jgdsprl. für alte Menschen.

**Friedrich Wilhelm** Unterschrift. »Da muß ick noch meinen Friedrich Wilhelm runtersetzen.« Beruht auf den in Preußen häufig vorkommenden Königsnamen.

**Fritze** produktives Element in zahlreichen Zusammensetzungen für Händler, Verkäufer und Handwerker: **Zijarrenfritze** ist der Verkäufer in einem Tabakladen bzw. der Tabakladen an sich. In diesem Sinne auch: **Jemüsefritze**, **Eierfritze**, etc. Fritz war ein beliebter Vorname im 19. Jh. und wurde/wird in Berlin in der Ausrufeform mit einem -e versehen, z.B. »Hallo Fritze!«.

**Frontlader** Gabelstapler.

**Früchtchen** 1. freches Kind und 2. krimineller Erwachsener.

**fuchswild** Gegenteil von lammfromm. Vorform von fuchsteufelswild.

**fuhrwerken** sich einmischen. »Fuhrwerk ma da nich dazwischen.« Bei Glaßbrenner im Sinne von hantieren: »Nu stund unjlicklijer Weise der Emmer hinter dissen Stuhl, un wie er nu mit ’n Kopp rinfuhrwerkte, fuul der Emmer um...«

**funken** Wenn es zwischen zweien »jefunkt hat«, dann haben sie sich gefunden. Die Äußerung: »Jetz’ funkt’s aber!«, ist eine Androhung von Schlägen.

**Furzkruke** schwache, nicht wirklich ernst gemeinte Beleidigung.

**Fußbodendompteuse** auch **Fußbodenmasseuse, Fußbodenkosmetikerin** spöttisch für Raumpflegerin. Wer sauber machen geht, der »jeht uff Fußbodenmaniküre.«

**Fusseln** im 19. Jh. für Geld. »sich das Maul fusselig reden«, ohne Erfolg reden.

**Fußlappen mit Flöhe** unschmackhaftes Essen. Fußt auf umgs. ›Fußlappen‹ für ein Essen mit großen Kohlstücken.

**futsch** auch **futschikato** verloren, kaputt. »Dit Jeld is futsch.« Ist wahrscheinlich als lautnachahmende Bildung zu erklären, vgl. futschen = schlüpfen, vorbeihuschen.

**Futschen** Hausschuhe.

**Futterage** (vermutlich fußend auf frz. fourage) Eßwaren.

**Futterluke** Mund. Abgeleitet von der Öffnung.

**fuzelig** im 19. Jh. für betrunken.

**fuzzelig** äußerst klein.

## G

**g** wird im Berlinischen als j gesprochen, u. z. in der Regel anlautend vor Vokalen ('ne jut jebrat'ne Jans is' 'ne jute Jabe Jottes), insbesondere in der Vorsilbe ge-, sowie inlautend nach den Langvokalen e, i, ü, ö und seltener nach r.

**GabiKo** (ostberl.) ganz billiger Korn.

**Galan** (span. galan = Liebhaber, Verehrer) jemand, der vornehm tut. Auch allgemein für Freund einer Frau: »Dein Galan hat wieder anjeruf'n.«

**Gang** »Warum is dit wieder nich im Jange?«, warum funktioniert es nicht.

**gar nichts** »Ick sach janüscht.«, ich habe keine Meinung, ich übernehme keine Verantwortung.

**Gardinenstange** flachbrüstige Frau.

**Gärtnerwurst** grüne Gurke, die im Garten des Kleingärtners wächst.

**gebacken** »So wie wir jebacken sind.«, so wie wir gebaut, beschaffen sind.

**geblaßmeiert** angeschmiert.

**gebont** »Dit is jebont!«, abgemacht, wird erledigt. Hergenommen von Kassenbon.

**Geborene** »ne Jeborene von und zu« ist eine Adlige.

**gebratene Schrippe** für → *Bulette.*

**gebumfiedelt** Wer sich geschmeichelt vorkommt, der fühlt sich »jebumfiedelt«.

**Gedächtniswärmer** Baskenmütze.

**Gedrängte Wochenübersicht** scherzhaft für → *Bulette*, weil - so die Annahme - Reste von Mittagsgerichten einer Woche verarbeitet werden.

**gefällig** drohend: »Da is wat jefällig!«, da passiert gleich etwas.

**geforben** gefärbt.

**gefressen** weder kulinarisch noch kannibalistisch gemeint, sondern wenn man von jemandem sagt: »Den hab ick jefressen!«, meint dies, daß man diese Person nicht ausstehen kann.

**Gegend** »'ne schöne Jejend is dit hier.« Gegend bezeichnet in diesem Falle unwirtliche Orte, Plätze etc. sowie Gegenden außerhalb Berlins. Die Redensart geht zurück auf Glaßbrenner. »Weit und breit nüscht wie Jejend!«, d. h. nur Landschaft.

**Gegenteil** wird als Verneinung gebraucht mit leicht ironischem Unterton. »Haste Hunger?« - »Janz im Jejenteil.«

**gehörig** stark, sehr. »Dit war 'ne janz jehör'je Portion Eisbeen.«

**Geist** »Du jehst ma uff'n Jeist!«, du gehst mir auf die Nerven. Ein **geistiger Kleingärtner** oder **Kleinrentner** ist **geistig obdachlos**, d. h. schlicht und einfach ein Dummkopf.

**Geizhammel** geiziger Mensch.

**Gelaber** Geschwätz. → *labern*.

**gelacht** lachhaft. »Wär ja jelacht, wenn wa dit nich schaffen würden.«

**gelackmeiert** angeschmiert. Wenn jemand den Kürzeren zieht, ist er der **Jelackmeierte**. Aus lackieren im Sinne von »hereinlegen , betrügen« und meiern = foppen, täuschen.

**geladen** 1. »Der hat schwer jeladen heut.«, er hat viel Alkohol getrunken. 2. »Warum bist 'n so jeladen?«, so aggressiv, wütend.

**gelernt** »Jelernt is jelernt.«, d. h., man beherrscht eine Sache perfekt.

**gelitten** geläutet.

**gelungen** originell, merkwürdig.

**gemacht** »Is jemacht!«, wird erledigt.

**gemischt** ordinär, anstößig.

**Gemüse, junges** Kinder, junge Leute.

**Gemüseathlet** krasser Egoist.

**Gemüte führen, sich etwas zu** trinken.

**Gemütsathlet** herzloser Mensch, der ein **Jemüt wie'n Schaukelpferd** hat.

**genau** »Nüscht Jenauet is nich raus.«, etwas Genaues weiß man nicht.

**genehmigen, sich einen** trinken.

**genormt latschen** tanzen.

**genügen** »›Dit jenücht‹, sagt der Staatsanwalt.«, abschließende Kommentierung einer Handlung. Übernommen aus einer Gerichtsszene von Albert Hopf (1845).

**gerammelt** sehr, äußerst. »Die Küche war jerammelt voll.«

**gerieben** schlau, hinterlistig. »Dit is 'n janz jerieb'nes Bürschchen.«

**geringst** »Im jeringsten janich.«, nicht im geringsten. → auch *gar nicht*.

**gerissen** schlau.

**geritzt** »Is jeritzt!«, die Sache ist erledigt, in Ordnung.

**Gesabber** Geschwätz (von »Sabber« Speichel, nd. sabbeln). »Hör doch mal uff mit dem Jesabber.«

**gescheit** ordentlich, brauchbar. Beim Skat: »Jib ma mal jescheite Karten!«

**geschenkt** »Dit nehm ick nich jeschenkt!«, das nehme ich nicht. Verstärkung der Negation.

**Geschichte** 1. Umstände, 2. etwas Kompliziertes. »Wat hast'n?« - »So'ne Blinddarmjeschichte.«

**Geschmadder** unsaubere Schrift, Geschmiere.

**geschmiert** »Dit jeht ja wie jeschmiert.«, das geht hervorragend, läuft wie ein gut geschmiertes Wagenrad.

**geschnitten** »Da haste dich aber jeschnitten.«, verkalkuliert.

**geschwollen** jemand, der »jeschwollen daherredet«, redet mit Pathos oder bemüht sich um eine ›feine‹ Sprechweise.

**Geseier** (jidd. gesera = Bestimmung, Verordnung) Klagen, weinerliches Herumreden.

**Gesichte** »Mach nicht so'n Jesichte.«, schau nicht so mürrisch oder auch traurig drein.

**Gesichtserker** Nase.

**Gesockse** Schimpfwort für die Sachsen nach 1945. Von daher auch **Sachsengesocks**. Heute allgemein abwertende Bezeichnung für einzelne Gruppen von Menschen. Früher für arme Leute, Leute die keine Socken, kein Schuhwerk besaßen.

**Gestell** »Mensch, ist dit'n Jestell!«, ist das ein hagerer Mensch.

**gestohlen** »Der kann ma jestohl'n bleiben.«, sagt der Berliner über jemanden, der bleiben kann, wo der Pfeffer wächst.

**gesund** schlau, praktisch.

**gesundstoßen, sich an etwas** Wohlstand erlangen, Profite machen. Aufgekommen im 19. Jh. im Zusammenhang mit Aktienschiebereien.

**gewaschen** Eine »Ohrfeige, die sich jewaschen hat«, ist das Gegenteil eines zarten Klapses. Wer »mit allen Wassern jewasch'n is«, der ist raffiniert, geschickt, weiß überall Bescheid, so daß er überall durchkommt.

**gewieft** (mhd. wifen = schwingen) schlau, raffiniert.

**Gewitterflinte** Regenschirm.

**Gewittertüte** Regenkapuze.

**Gewitterziege** oder auch **Gewitterzicke, Gewitterhexe** Bezeichnung für eine zänkische, übel gelaunte oder auch meckernde Frau.

**gewöhniglich** gewöhnlich.

**Gichtlatte** dünne Person.

**Gierschlund** bezeichnet eine Person, die gierig das Essen herunterschlingt.

**giften, sich** sich ärgern.

**Giftnudel** im 19. Jh. für Zigarre, bezeichnet heute jemanden, der über andere schlecht spricht.

**Gips** »Jips jibt's inne Jipsfabrik.« → auch *g.*

**Gipsflügel** gebrochener, eingegipster Arm.

**Gipskopf** beschränkter Mensch.

**Glatzenschneider** Friseur bzw. für neudeutsch Intercoiffeur.

**glibberich** glatt und wackelig wie → *Wackelpeter*. Von nordd. glippen = gleiten, unfest sein.

**Glipperpudding** Götterspeise. → *glibberich*

**glitschen** gleiten. Als Adjektiv glatt, schlüpfrig, bei Eis und Schnee.

**glotzen** große Augen machen. Aus dem Mhd. für schimmern, glänzen. Bereits bevor es die **Glotze** (= Fernseher) gab sind die Wörter **Glotzpaule** und **Glotzooge** belegt.

**Glubsche** (nd.) Brille. Im 19. Jh. ist **glubschen** für mürrisch, von unten aufwärts blicken belegt. Wer immer »gleich so glubsch ist«, der ist beleidigt.

**gnatschig** → *gnietschig*. Wahrscheinlich von umgs. gnatzen = mürrisch sein.

**Gnatschke** Italienischer Salat. → auch *gnietschig*.

**gnatzen** weinen, wimmern, verstimmt sein. Ein **Gnatzkopp** ist ein mürrischer Mensch.

**gnauen** im 19. Jh. wie → *gnatzen*.

**gnedderig** verdrießlich.

**gnietschig** im 19. Jh. geizig . Heute für mürrisch, meist in der Form gnatschig. Eine **Gnietsche** ist eine übellaunige, mißvergnügte Person ebenso wie **Gnietschkatze** oder **Gnietschpeter**.

**gnurpsen** ein knarrendes Geräusch von sich geben.

**Gold-Else** Figur auf der Siegessäule.

**Gondel** Kopf.

**Göre** Im Nd. seit dem 17. Jh. in der Beziehung auf Menschen nachweisbar. Wird gewöhnlich im Femininum gebraucht und steht im Singular eher für Mädchen, im Plural allgemein für Kinder, die unerzogen, frech sind. Vielleicht von mhd. gorec = gering, armselig.

**Gott** Obwohl viele Berliner nicht bibelfest sind, spielt der »liebe Gott« eine nicht unwesentliche Rolle: »Jehnse mit Jott, aber jehnse!« Die Äußerung »Jott, steh mir bei« drückt Verwunderung aus, während die indirekte Aufforderung »Mach da mit'n lieben Jott bekannt!« ein diskreter Hinweis auf das nahende

Ende ist. Wer bei so viel Pietätlosigkeit ausruft: »Sie sind wohl janz von Jott verlassen!«, meint: Sie sind nicht recht bei Trost! Vielleicht tröstet ihn »dit reene Wort Jottes«, nämlich ein guter Schnaps.

**gottsjämmerlich** sehr schlecht. »Mir is jottsjämmerlich (Lautvariation zu kotzjämmerlich) zumute.«

**gottvoll** oder auch **göttlich** reizend. »Dit is ja 'ne jottvolle Story.«

**Graf Koks (von der Gasanstalt)** bezeichnet einen »feinen → *Pinkel*« ebenso wie die anderen Vertreter des Berliner Adels: **Graf Rotz von der Popelsburg** und **Graf Kacke**.

**Granatenbutze** Bezeichnung für Frau.

**grapschen** greifen. Vielleicht von poln. grabic = raffen, rauben.

**Graul** Grauen. »Ick krieg schon 'nen Graul, wenn ick dit nur sehe.« **Sich graulen** bedeutet sich fürchten, Angst haben.

**Grieben** sind nicht nur die gebräunten Fettrückstände beim Auslassen von Schweine- oder Gänseschmalz, sondern auch ein Ausschlag am Mund (Herpes), der in der Regel durch zu fettes Essen hervorgerufen wird. Von mhd. griebe = ausgelassener Fettwürfel.

**Griepsch** (mhd., obs.) Appelgriepsch = Kerngehäuse des Apfels.

**Griffel** Finger.

**Grips** (nordd.) Verstand. Von der Iterativform ›gripsen‹ für grippen = an sich raffen.

**grölen** (mnd. gralen lärmen) schreien, herumsingen. In einer Beschreibung Berlins aus dem Jahre 1792 steht, daß bei Hochzeiten die Kurrende »während dem Essen erscheint und einige bekannte Kirchengesänge hergrölet.«

**Groschen** (mhd. grosse = Dickpfennig, lat. grossus = dick) Zehnpfennigstück.

**Großer Gelber** Doppeldeckbus.

**Großkotz** (aus Klein-Pankow) Prahler, überheblicher Mensch. Auch adjektivisch: »So'n, großkotz'jer Typ!«

**Großmutter** »Dit kannste deine Großmutter erzähl'n, aber nich mir.«, das glaube ich nicht.

**Großschnauze** jemand, der die Schnauze weit aufreißt, der prahlt.

**Grüneberger** saurer Wein, ursprünglich der Wein aus Grünberg.

**Grüne Minna** Polizeiwagen.

**Grütze** (frühneuhd. Kritz) Verstand. »Der hat Grütze im Kopp!«

**Gulli** bzw. **Gullpopo** Gulasch.

**Gully** (engl.) 1. Kanalisationsdeckel und 2. Abwasserschacht. Auch allgemein für einen Abfluß.

**Gummi** Taxi. »Nehm' wa uns 'n Gummi?«

**Gummiadler** (ostberl.) für Broiler, die Bezeichnung für Brathähnchen im DDR-Wortschatz. Bereits stud. in den 50er Jahren belegt.

**Gummifinger** (ostberl.) Bratwurst mit Kunstdarm.

**Gummihacken** für → *Bulette.* Ebenso **Gummimuffe** und **Gummipuck**.

**Gummipuppe** dickliches Mädchen, dicklicher Teeny.

## H

**Haar** wem die »Kniescheibe durch de Haare wächst«, der kriegt eine Glatze.

**Haaseken** Freund → auch *Häseken*.

**haben, sich** sich zieren, sich aufregen. »Nu ham Se sich doch nich so!«, regen sie sich doch nicht so auf, seien sie nicht beleidigt.

**Hackding** für → *Bulette*.

**Hacke** 1. Ferse, Hacken. Wer sich »die Hacken ablooft«, der ist vergeblich unterwegs. 2. Kopf. »Wer 'n Ding anna Hacke hat«, der »hat 'n Ding am Kopp«.

**hacken** ankleben, festsitzen.

**Hackenporsche** Bezeichnung für den → *Rentnerkarren*, einem kleinen Einkaufswagen.

**Hackepeter** gehacktes Schweinefleisch mit Pfeffer und Zwiebeln. Drohung: »Aus dir mack ick Hackepeter!«

**Hadscheeh** Abschiedsgruß, Verschmelzung aus Hatschi und Adieu bzw. → *Atschö*.

**Häkelhaken** dünne Beine.

**halb** »Wie jeht's?« - »Halb und halb.« Anspielung auf einen ebenso bezeichneten Schnaps von der Firma Mampe. »Wie war jestern dit Spiel?« - »Nüscht Halbet und nüscht Janzet.«, nicht so gut.

**Halber** »'nen Halben, bitte!«, ein Glas Bier mit 0.4 l.

**halblang** »Mach mal halblang!«, übertreib nicht so.

**Halbstadt** früher für West-Berlin.

**Hallelujah-Staude** Weihnachtsbaum.

**hallweje** wie → *halblang*.

**Halsweite** »Dit is nich meine Halsweite.«, das ist eine Nummer zu groß für mich.

**Hambutten** Hagebutten.

**Hämeken** (mhd. ham = Haut, Hülle, Kleid und dem nd. Diminutiv -ken) kleiner, bemitleidenswert unauffälliger, kleiner Mann.

**Hammelbeene** untere Extremitäten. Drohend: »Dir werd' ick de Hammelbeene langzieh'n.« Mit Bezug auf die Kastration des Schafbockes: Um die Hoden erreichen zu können, zieht man dem Tier die Beine lang.

**Hamster melken** Toilette aufsuchen. Ausruf des Erstaunens: »Ick gloob meen Hamster bohnert.«

**Hanake** wie → *Kanake* ein Schimpfwort. Die Hanaken sind eine tschechische Ethnie in Mähren.

**handlich** sehr groß.

**Handschuhe** »Das ist meinem Vater ganz recht, warum kooft er mir keene Handschuhe.« Nach Trachsel (1873) eine aus einer Gerichtsverhandlung ins Volk übergegangene Redensart, mit der der Berliner seine Gleichgültigkeit über einen ihm gemachten Vorwurf ausdrückt.

**Handtuch** 1. langes, schmales Zimmer. 2. schlanker Mensch.

**Hängebauchschwein** wer dick ist, »sieht aus wie'n Hängebauchschwein.«

**Hängsel** Schlaufe am Rock.

**Hanne** Schwächling, schwächlicher Charakter. In diesem Sinne auch **Hannefatzke, Hannepampe, Hannepiepe**, die auch in der Bedeutung von ›Kaspar‹ gebraucht werden.

**happenpappen** essen. Als Substantiv Speise, Bissen. Von mhd. peppe = Speise und nd. happen = schnappen, verschlingen.

**happig** viel, stark, begierig. »Die Preise sind janz schön happig!«

**Harke** »Dir werd' ick zeigen, wat 'ne Harke ist.« (Drohung) Geht wohl nicht - wie immer wieder behauptet - auf die Liebe der Berliner zu ihren Kleingärten zurück, sondern auf die strafende germanische Göttin Harke, die auch als Frau Holle das Böse straft und das Gute belohnt, oder auf die Drohung, man wolle seinem Opponenten das Gesicht mit dem »Rechenzinken«, der Hand, zerkratzen.

**hartleibig** hartherzig. Beim Geizigen ist nicht nur das Herz, sondern auch der Stuhl verhärtet.

**Hasenbrot** ist jenes Brot, das z. B. von Kindern aus der Schule wieder mit nach Hause gebracht wird. Geht entweder auf den in Norddeutschland verbreiteten Glauben zurück, daß der Hase Brot bringt, oder darauf, daß nicht mehr frisches Brot als Kaninchenfutter verwendet wird.

**Häseken** Kosename für kleine Mädchen oder eine Freundin. → auch *Haaseken*.

**Hasenjacht** »Dit is ja schneller als uff de Hasenjacht!«, das geht äußerst schnell.

**Haue** Prügel, Schläge.

**Hauer** großer Zahn. Eigentlich die großen Eckzähne des Ebers.

**Hausbiene** Wanze.

**Hausfrauenblick** schielender Blick. Wer einen Hausfrauenblick hat, »der schielt links nach de Wäsche und rechts nach de Klammern«.

**Hausknochen** Hausschlüssel.

**Hausknüppel** wie → *Hausknochen.*

**heben, einen** »Komm, wir jeh'n een' heben!«, wir gehen einen trinken.

**Hecht** dichter Tabaksqualm im Zimmer. Substantiviert von nd. hecht = dicht.

**Hechtsuppe** »Dit zieht wie Hechtsuppe.«, es zieht sehr stark. Anspielung darauf, daß eine Fischsuppe lange ziehen muß.

**Heckmeck** Durcheinander, Unsinn. »Mach nich so'n Heckmeck!« Vielleicht beeinflußt von meck, dem Laut der Ziege, vgl. meckern; mnd. hak unde mak.

**heftig** unverschämt, überteuert.

**Heiden...** Verstärkung: **Heidengeld, Heidenlärm,** also viel Geld und riesiger Lärm.

**heideritzken** schnell.

**heidi** (nordd.) »Ab heidi!«, mit Betonung auf der zweiten Silbe, jetzt schnell ins Bett.

**heien** das Heu wenden, einsammeln. Im 19. Jh. als Charlottenburger Dialekt vermerkt.

**heiern** 1. schlafen und 2. schlagen.

**Heini** verächtliche Bezeichnung für Personen, die man nicht mag.

**heiße Schrippe** für → *Bulette.*

**heißen** »Dit heißt nich »heeßt«, sondern heißt »heißt«. Ironische Verspottung derjenigen, die berlinern.

**heiter** »Dit kann ja noch heiter werden!«, ironisch für »das kann ja noch interessant, amüsant werden.«

**helle** klug.

**Helles, kleines** kleines helles Bier.

**hellicht** hell.

**Helmut** Polizist. Abgeleitet von Helmhut, der Pickelhaube aus der Kaiserzeit. Von 1918 bis Anfang der 50er Jahre nur noch → *Tschako.*

**Henkel** »Du hast wohl nich mehr alle Henkel anner Kanne!«, du spinnst wohl, du hast sie wohl nicht mehr alle.

**Heringsbändiger** im 19. Jh. für einen Diener im Kolonialwarenladen, heute abwertend für einen Verkäufer im Tante-Emma-Laden.

**Heringsfritze** → *Fritze.*

**Herreninfektionsgeschäft** Bordell.

**Heuboden** nannte man die Galerie im Sportpalast.

**Heulboje** Sänger.

**Heule** Radio.

**Heuler** »der letzte Heuler«, abfällige Bemerkung über eine Sache oder eine Person.

**Heulsuse** 1. plärrendes Kind und allgemein für Menschen, die ständig jammern. 2. Schimpfwort.

**hier** »Du bist wohl nich von hier?«, wohl nicht gescheit?

**hille hille** (ostberl.) schnell.

**Himmelszicke** Schimpfwort für eine Frau, ebenso wie **Himmelsziege**.

**hin** »Der is hin!« Bezeichnung für die Tatsache, daß jemand gestorben ist bzw. körperlich oder geistig verfällt. Eine Einsicht in die Notwendigkeit wird kommentiert: »Weg is weg und hin is hin.« Wer »hin und weg ist«, der ist hin- und hergerissen, begeistert.

**hinhunzen** etwas verschleißen, kaputt machen. Auch verhunzen.

**hindämeln** schlendern.

**hinschlagen** »Da schlag eena lang hin!« (Ausdruck des Erstaunens). Häufig mit dem Zusatz: »...und steh' kurz wieder uff.«

**Hinterhofpflanze** bezeichnet eine Person »aus'm Milljöh«.

**Hirni** Idiot.

**Hirnschale** Kopf.

**Hohler Zahn** Spitzname für die Turmruine der alten Kaiser-Wilhelm-Gedächtniskirche.

**hohnecken** verhöhnen. Im Berliner Vertragsbuch heißt es 1542 in Beilegung eines Beleidigungsprozesses: »welcher des ein dem andern mehr mit Worten würde auffwerffen oder hohnecken ... der sol dem Rate ... zu Straffe verfallen sein...«.

**hohnepiepeln** verulken, verhöhnen. → auch die häufig vorkommende Form *verhohnepiepeln*.

**hojappen** gähnen.

**Holzbock** Förster.

**holzen, sich** sich schlagen. Wer beim Fußball »holzt«, spielt unfair.

**Hopfenkaltschale** Bier.

**Hoppelpoppel** 1. ironisch für Bauernfrühstück. 2. wüstes Durcheinander. 3. Eollmops.

**hops gehen** »Der is hops jejangen.«, der ist gestorben oder er ist bankrott gegangen oder er ist aufgeflogen. Von hopsen = hüpfen.

**Hopskäse** 1. für Person mit unstetem Lebenswandel. 2. kleiner Junge.

**Horchlappen** oder auch **Horchlöffel** Ohren.

**Horchophon** Telephon.

**Horn** Jemand, der »ins Horn stößt«, ist nicht unbedingt ein Hornochse (dummer Mensch), sondern jemand, der sich aufspielt.

**Hörnerbrause** Bockbier.

**Hoscher** etwas Großes, z. B. bewundernd zu einem rasanten Sportwagen: »Is dit'n Hoscher!«

**Hosenmatz** kleines Kind.

**Hotte** oder **Hottehü-Pferd** liebkosende Bezeichnung für ein Haustier. Hotte ist ebenfalls die Berliner Form für den Namen Horst. Hottehüh mit Bäckerzusatz = Bulette.

**hotten** (jgdsprl., engl. hot = heiß) tanzen.

**hübsch** sehr, recht. »Kinder, bleibt ma hübsch artig.«

**Hucke** Tragekorb für den Rücken, auf dem Bau zum Transportieren von Mauersteinen. Von daher »jemandem die Hucke vollhauen.«, ihn prügeln.

**Huddern** Hände. »Wat hast du 'n wieder mang de Huddern jehabt.«

**Hufnagel** für → *Bulette.*

**Hullerdibuller** Holterdipolter.

**Humpen** Bierkrug. Zuerst omd., dann wohl durch die Studentensprache verbreitet; nd. Hump(e) = Teil, Stück, Ecke.

**Hund** Der Hundepuffer, nämlich die → *Bulette*, ist stadtbekannt »wie 'n bunter Hund«. Wer »bald uff'n Hund kommt«, der kommt bald herunter, sofern er

»nich vor de Hunde jejangen is«, nämlich völlig verkommen ist.

**Hungerharke** auch **Hungerkralle** Luftbrückendenkmal in Berlin-Tempelhof, dessen Form an eine verkehrt in den Boden gesteckte Harke erinnert.

**Hunni** Hundertmarkschein.

**Husche** heftiger, aber kurzer Platzregen. Abgeleitet von der lautmalenden Interjektion husch.

**husten** »Ick werd' da wat husten!«, ich denke gar nicht daran.

**Hutsche** oder **Rutsche** ist eine kleine Fußbank.

**Hutschnur** wem etwas »über de Hutschnur jeht«, dem geht etwas zu weit, dem reicht es.

## I

**ick** (nd.) Relikt, deshalb ick gesprochen.

»Icke-Gedicht«

Ick sitze da und esse Klopps.
Uff eenmal kloppt's.
Ick jeh zur Tür und denk: Nanu?
Erst war se uff, jetz isse zu!
Ick jehe raus und kieke -
Und wer steht draußen? Icke!

**Idi** Abkürzung von Idiot.

**IHB** (ostberl.) Idioten helfen bauen für Ingenieur Hochbau.

**Ille** Stock, Knüppel.«Deine Keule hat meine Brieze mit de Ille vor de Omme jeknökt.« → auch *Brieze*, Keule, Omme.

**illuminiert** betrunken.

**immer** »Dit war't schon immer!«, nachdrückliche Feststellung.

**in** »Dit hat's in sich.«, das ist schwierig, das ist gehaltvoll. »Dit is in.«, das ist en vogue.

**Infamia** schlechte Zigarre.

**Innung** »Du blamierst de janze Innung.«, die ganze Gruppe, Familie o.ä.

**Institut für Knastologie** Moabiter Kriminalgericht.

**intus** (lat. innen) »Ick hab schon sechs Pilli intus.«, zu mir genommen, getrunken.

**Ische** (jidd. ischa = Frau) mit langem i, Frau, Freundin, Geliebte, Partnerin.

**is nich** Form der Abweisung. »Mich über'n Leisten is nich.«

**Istanbul-Express** auch **Orient-Express** abschätzig für die U-Bahnlinie von Spandau zum Schlesischen Tor in Berlin-Kreuzberg, da in Kreuzberg ein Großteil der türkischen Bevölkerung wohnt.

**itzen** stehlen.

## J

**jachtern** wild spielen, sich abhetzen. Abgeleitet von jagen.

**jagen** »Damit könn' se ma jagen!«, das mag ich nicht.

**Jammerholz** Klavier.

**Jammerlappen** wehleidiger Mensch.

**jampeln** sich unruhig verhalten. Kinder, die nicht still sitzen können, »jampeln herum«.

**japsen** nach Luft schnappen. Von jappen = mühsam atmen, den Mund aufsperren.

**Jardingarten** gespr. »Jardinjarten«, von frz. ›jardin‹, Garten.

**jiepern** gierig sein nach etwas. Abgeleitet von der nd. Form ›giepe(r)n‹ bzw. der entsprechend hd. ›gaffen‹, also mit offenem Mund nach etwas blicken. Auch als Substantiv: »Ick hab 'nen Jieper uff 'ne Weiße!«.

**Jokus** (lat.) Jux, Scherz, Spaß.

**Juchtel-Fuchtel** »auf die Juchtel-Fuchtel jeh'n«, tanzen oder auch einkaufen, schlendern gehen.

**Jum** »Der is im Jum.«, der ist angetrunken, betrunken.

**j.w.d.** janz weit draußen. Wer »j.w.d.« wohnt, der wohnt am Rande der Außenbezirke.

## K

**Kabache** niedriges, primitives Haus, auch für eine Kneipe zweifelhaften Charakters. Anfang omd. und nordd., aufgekommen im 19. Jh.

**kabbeln, sich** (nd.) zanken, streiten. Als Substantiv **Kabbelei**.

**Kabolzschießen** einen Purzelbaum schlagen. Man denke an einen Kobold. Von daher auch umgs. **Kabolzwasser** für einen Schnaps, der einen umzuwerfen droht.

**Kabrusche** (jidd. chawrusso = Gesellschaft, Genossenschaft) »Kabrusche machen«, ein Geschäft machen.

**Kabuffe** (mnd. Kabuse) Verschlag, kleine Kammer. Auch **Kabuffken**.

**Kackständer** Beine. Analog zu **Kackstelzen**.

**Kaderwelsch** (ostberl., aus Kauderwelsch und Kader) unverständlicher Funktionärsjargon.

**Kaff** Kleinstadt, Dorf. Im Prinzip jede Stadt in Deutschland außer Berlin.

**Kaffee** »Dit is doch allet kalter Kaffee.«, ist eine Reaktion auf eine ›Neuigkeit', die dem Angesprochenen bereits bekannt ist. »Dit jeht dir 'n kalten Kaffee an!« meint »Das geht dich gar nichts an!«

**Kaffer** (jidd. kapher = Bauer) ungebildeter Mensch, einfältiger Tölpel, Provinzler.

**kahle Atter** Glatze.

**kajolen** jagen, eilen; mal hier sein, mal da sein.

**Kalabreser** Hut.

**Kaleika** (poln. kolejka = Reihenfolge) 1. Spaß, Unsinn. 2. Aufhebens, Umstände. Erstmals 1845 in Brandenburg bezeugt.

**Kalitte** (aus Kolwite) Kohlweißling.

**Kalkmütze** Verkehrspolizist.

**Kalle** (jidd. kallah) 1. Braut und 2. auch für Bruder.

**Kalüppe** Bruchbude.

**Kamelogramm** Schimpfwort im Sinne von »du altes Kamel«.

**Kameruner** Schmalzgebäck vergleichbar dem → *Pfannkuchen*, aber in Form einer Acht.

**Kampfbrötchen** für → *Bulette*.

**Kamurke** (slaw. komorka) kleine, elende Stube.

**Kanake** sehr frühzeitig im Berliner Wortschatz und gebraucht wie → *Hanake*, heute allgemein abfällig für Gastarbeiter.

**kandideln** Als Adj. lustig, als Verb »sich eenen ankandideln«, sich betrinken. Wer »überkandidelt« ist, spinnt ein bißchen, handelt übertrieben.

**Kanone** »Dit Stück is unter aller Kanone.«, »unter aller Sau«, d.h. unter aller Kritik. Von lat. sub omni canone, wobei »Kanon« die Richtschnur, den Bewertungsmaßstab (von Schülern) bezeichnet.

**Kanonenstöpsel** dicke Person.

**Kante** 1. »Hat die 'ne Kante!«, hat die einen Busen, eine Brust. 2. Wer »Jeld uff de hohe Kante legt«, der spart.

**Kanten** Ende des Brotlaibs. → *Knust.*

**Kanthaken** jemanden »am Kanthaken nehm'n«, ihn am Schlafittchen nehmen. Vermutlich abgeleitet von Kammhaken, dem Kamm des Hahns.

**Kanzelstürmer** Pfarrer.

**kapee** »schwer von kapee sein«, schwer von Begriff sein. (kapieren)

**Kappes** (frz. cabus = Kohlkopf) »Dit is ja alles kappes.«, Blödsinn, Unfug.

**kapores** (jidd. Sühneopfer) entzwei, ruiniert. Am Vorabend des Versöhnungstages wurden Hühner als Sühneopfer »kapora« geschlagen.

**kariert** quatschen Unfug daherreden, dumm rumquasseln.

**Karnalje** (frz. canaille) Schurke, Schlingel. Auch **Karnaljenvogel** anstelle von Kanarienvogel.

**Karnickel** im Sinne von ›der Schuldige, der Sündenbock‹. Eine **Karnickelneese** hingegen bezeichnet eine etwas von der Norm abweichende Nase.

**Karo einfach** trocken Brot, einfaches Essen. Vermutlich abgeleitet von Karo-Kaffee.

**Karotte** »'ne jungsche Karotte«, ein jünger, unerfahrener Mensch.

**Kartoffel** 1. Taschenuhr. 2. »Rin inne Kartoffeln, raus aus de Kartoffeln.«, etwas tun, und dann wieder rückgängig machen, etwas Überflüssiges tun. »Wat soll'n dit? Erst rin inne Kartoffeln, dann raus aus de Kartoffeln. Kannst da nich entscheid'n?«

**Kartoffelsaft** Wodka.

**Kaschemme** Kneipe. Von rotw. Katschemme, das von slaw. Formen hergeleitet ist, vgl. sorb. korcma, poln. karczma.

**Kaschube** bäurischer Mensch. Abgeleitet von den Kassuben im ehemaligen Pommern und Westpreußen.

**Käseblatt** Zeitung.

**Käsekopp** Dummkopf. Seit dem späten 19. Jh. von Berlin ausgegangen.

**Käsemauken** Beine, Schweißfüße.

**Kasperlesekt** Selters.

**Kastrolle** Kasserolle.

**Katzenkopp** kurzer, leichter Schlag auf den Hinterkopf.

**Kaufe, heilige** Weihnachtseinkäufe

**Keife** abschätzig für Frau.

**Keile** Schläge, Prügel, Hiebe. Eine **Keilerei** ist eine Prügelei.

**Keks** Kopf. »Du jehst ma uff'n Keks.«, auf die Nerven, auf den Geist. Vielleicht mit Bezug auf jidd. gag = Dach.

**kellnerieren** kellnern, bedienen.

**keß** (jidd. chochom = Kluger, Weiser) keck, mutig. Bekannt ist die »kesse Jöhre«.

**Keule** Bruder, Kumpel. Verkürzt aus Briezkeule (→ *Brieze*).

**keulen** schnell laufen.

**Keulen schwingen** 1. tanzen gehen und 2. beeilen: »Schwing mal deine Keulen!« Keule = Bein.

**kiebig** frech, zänkisch.

**kieken** gucken. Wer **kiekdoof** ist, der ist kurzsichtig.

**Kieker** jemanden »uff'n Kieker ham«, ihn beobachten, um ihn einer Sache zu überführen.

**Kien** »uff'n Kien sein«, helle sein, vorsichtig sein, auf der Hut sein. Geht entweder auf frz. ›quine‹ mit der Bedeutung unverhoffter Vorteil zurück oder auf engl. ›keen‹, scharf, im Sinne von ›acute of mind‹ oder jidd. kiwen = aufmerksam, geschäftig. Aufgekommen zur Zeit der französischen Besetzung (1806-08).

**Kienappel** Kiefernzapfen.

**Kies** Geld. Wer »in den Kies pupt«, geht leer aus. Geht zurück auf entweder jidd. kis = (Geld)beutel oder rotw. Kies, Kiesel = Stein mit Beziehung zu rotw. Steiner = Münzgeld.

**kiesetig** (ahd. kiosan = kiesen, prüfen, wählen) mäklig.

**Kievief** oder **Kiewief** (frz. Qui vive?, früher Ausruf der Wache) »uff'm Kievief sein«, aufpassen.

**Kie(t)z** bezeichnet typische Berliner Viertel mit »Miljöh«. Bereits 1249 als Siedlungsname bezeugt.

Ursprünglich ärmliche Fischersiedlung, später Ortsteil und Stadtteil.

**Kinderschaukel** 1. Kinderwagen und 2. Motorrad mit Beiwagen.

**Kindersärge** (über)große Schuhe. Vermutlich bei Berliner Soldaten 1813/14 entstanden.

**Kinkerlitzken** eigentlich wertlose Kleinigkeiten, Kurzwaren. »Mach keene Kinkerlitzken.«, komm zur Sache. Von frz. quincaillerie oder aus Kanker = Spinne und Litze (=Faden eines Gewebes), also Wertloses wie ein Spinnengewebe. Die Endsilbe -ken ist nd. das Diminutiv -chen; so hört man auch **Kinkerlitzchen**.

**Kintopp** Kino. 1906 aufgekommen mit Bezug auf Kinematographiethater am Kottbusser Damm, dessen Besitzer Topp hieß.

**Kippe** (mnd. Spitze, Kante) 1. Zigarettenstummel und 2. »steht etwas uff der Kippe«, was zweifelhaft ist.

**Kirchenmaus** Pfarrer. Von daher auch »arm sein wie 'ne Kirchenmaus.«

**Kirste** meistens gesprochen mit gerundetem *i*: **Kürste**. Brotkruste.

**Kiste** »'ne faule Kiste«, ist eine faule Sache; die Kiste bezeichnet sowohl den Fernseher als auch das Auto wie auch den Sarg.

**Klabafti** Schnaps.

**Kladderadatsch** lautmalerisch für etwas, das zerbricht; erweitert aus klatsch und kladatsch. ›Kladderadatsch‹ war auch der Titel des bekanntesten deutschen Satireblattes, das am 7. Mai 1848 erstmals erschien.

**Kladerage** Kleidung.

**Klaferze** Homosexueller.

**Klafte** nörgelnde Frau.

**klaften gehen** (mhd. Klaft = Geschwätz) 1. einkaufen gehen. 2. tratschen.

**Klamauk** Krach, ausgelassenes Vergnügen, aber auch negativ für einen plumpen Spaß. Ein Film mit billigen Witzen ist ein **Klamaukfilm**. Wahrscheinlich nicht abgeleitet von frz. clameur = Geschrei, sondern lautnachahmenden Ursprungs.

**klamm** (mnd. klam = eng, vor Kälte erstarrt) vor Kälte unbeweglich. Von daher auch »klamm sein«, schlecht bei Kasse sein, weil die Bewegung des Geldzählens nicht mehr gemacht werden kann.

**Klammerbeutel** »Dir ham se wohl mit'm Klammerbeutel jepudert.«, du spinnst wohl, du bist wohl → *doof*.

**Klammerbraut** Beifahrerin auf dem Motorrad.

**Klamotten** im engeren Sinne für heruntergekommene Kleidungsstücke, verallgemeinernd für allerlei wertloses Kramzeug. Entstammt dem Berliner Gaunerjargon um 1900, die Herkunft ist jedoch unklar.

**Klamottenkiste** Kino.

**Klappe** 1. Mund und 2. Bett. Von nd. klappen = schallen, klatschen.

**Klapperkasten** 1. Klavier und 2. ein klappriges Auto.

**Klappmatismus** oder auch **Klapparatismus** Mechanismus.

**Klappstulle** Doppelschnitte Brot. → *Stulle.*

**Klapsmühle** Nervenheilanstalt, wie z. B. → *Bonnies Ranch* (Karl-Bonhoeffer-Anstalten), Berlins größte Nervenheilanstalt.

**klasse** toll, besonders gut.

**Klatschjule** auch **Klatschmaul, Klatschrieke** tratschende Frau. Von klatschen = schwatzen, über Abwesende reden.

**Klaue** schlechte Handschrift. Mit Bezug auf Klaue = Hand und klauen = abschreiben.

**kleben** jemandem »eine kleben«, ihm eine runterhauen.

**Kleedage** im 19. Jh. für vornehme Bekleidung, heute allgemein für Kleidung, Garderobe.

**Klemme** Verlegenheit. »Ick sitz janz schön inne Klemme.«

**klieren** unsauber schreiben.

**Klietsch** nicht richtig aufgegangener Kuchen. Auch Klietschkuchen.

**Klimperkasten** Klavier.

**Klinkerschrippe** für → *Schrippe.*

**Klippschule** im 19. Jh. für Privatschule, heute allgemein für eine Schule, in der die Anforderungen an die Schüler gering sind.

**Klitsche** kleines Häuschen, Geschäft oder Büro. Vielleicht aus poln. kleí = Lehmhaus.

**Kloppe** (mnd. kloppen = klopfen) Schläge, in erster Linie auf Kinder bezogen. Hier taucht auch die berühmte Hyperkorrektur wie in *Apfrikose* auf, und zwarvon Leuten, die ihr Berlinisch zu meiden suchen: »Ich versteh das jar nich, warum die Kinder sich immer klopfen müssen.«

**Klops mit Beene** dicklicher Junge. Klops = Kloß aus Hackfleisch.

**Klopsbrummer** für → *Bulette.*

**Kloßbrühe** »Dit is klar wie Kloßbrühe.«, also völlig verständlich.

**Kloßkopp** Schwachkopf.

**Klöten** Hoden. Von nd. Kloot = Kloß, Kugel, Ball.

**Klötenkorn** Eierlikör.

**klotzig** plump. Im adv. Gebrauch auch verstärkend im Sinne von ›sehr, äußerst, irre‹: »klotzig teuer«.

**Kluft** (von jidd. keliphas = Schale, über die Gaunersprache ›klaffot‹) Kleidung, wenn jemand ›sich in Schale geworfen‹ hat, so ist er »fein« angezogen.

**Klump** (nordd.) Klotz.

**Klumpatsch** Quatsch, unnötiger Aufwand. Aus → *Klump* und patschen = laut zusammenfallen.

**Klunker** abschätzig für Schmuck. Von mhd. glunkern = baumeln, schlenkern. Von daher auch klunkerig = unordentlich, zerlumpt.

**Klunte** Mädchen. Im Pl. Kleidung.

**Knaatsch** Ärger. Vielleicht von nd. Gnatz = übelgelaunter Mensch.

**Knackarsch** erotisierende Hinteransicht einer Person.

**Knacker, oller** alter Mann.

**Knall** »Du hast wohl 'n Knall?«, du bist wohl verrückt.

**knallig** »knallige Farben« sind stark auffallende Farben.

**Knallkopp** Dummkopf.

**Knallschote** Ohrfeige, ›a Watschen‹.

**Knalltüte** Blödmann, Spinner.

**knapp** (mnd. knap(pe) = eng, rar, spärlich) 1. »Jib ma mal 'n Stück Fleisch, aber nich zu knapp.«, nicht zu wenig, sprich: besonders viel. 2. eng anliegend, z. B. »Die Hose is zu knapp.«

**knapsen** sparen. Verwandt mit knappen = sich einschränken.

**Knarre** Revolver, Gewehr.

**Knast** (jidd. knas = Geldstrafe) Gefängnis. Ein Insasse heißt **Knasti** oder **Knastbruder**. → auch *Knacki*. Wer ›Knast hat‹, der hat Hunger.

**Knautschke** Früher Name für ein Nilpferd im Berliner Zoo. Von knautschen = zusammendrücken, knittern.

**Knautschkommode** Zieharmonika. → auch *Quetschkommode.*

**Kneipe** typische Berliner Gastwirtschaft, Trinklokal. Der Besitzer wird **Kneipier** genannt.

**kneisten** blinzeln.

**Knete** Geld.

**Knief** (frz. canif) Taschenmesser.

**Knies** Streit.

**Knilch** unsympathischer Mensch.

**Knobländer** 1. Knoblauchwürste und 2. Hände: »Jeh mit deine Knobländer da weg!« Abgeleitet von Knobel = (Finger)-Knöchel, im Plural auch »Faust«.

**Knobloch** Knoblauch.

**Knochenkalle** dünner Mensch, Skelett.

**Knochenmühle** 1. schwere, anstrengende Arbeit und 2. Arbeitsstätte.

**knochentrocken** äußerst trocken.

**knödeln** Fußball spielen.

**knöken** (nd. Knöken = Knochen) 1. schlagen und 2. koten.

**Knolle** Nase.

**Knopp** Mensch. In der Regel mit negativer Konnotation: »'n oller Knopp«, ein unfreundlicher alter Mann. Ein »kleiner Knopp« ist hingegen ein kleiner, niedlicher Junge.

**knorke** früher für prima, dufte, großartig. »Knorke ist dreimal so dufte wie schnafte.« Vielleicht entstanden als Reimwort zu → *Lorke* oder aus knorrig = kraftvoll, widerstandsfähig und der nd. Verkleinerungssilbe -ke. Eine dritte Erklärung besteht in der Ableitung aus der Posse »Die Familie Knorke« des Varietékomikers Rudolf Melzer.

**Knösel** Tabakspfeife.

**Knubben** auch **Knubbel** (nd.) Astknoten. **knubbelig** ist knotig, knollig.

**Knuddel** Knäuel.

**knülle** völlig betrunken.

**Knülsch** (nord.) Kerl. Vielleicht aus rotw. knollig = bäuerisch, grob.

**Knüppel** schmales Weißbrötchen, im Gegensatz zur → *Schrippe* mit Milch anstatt Wasser zubereitet.

**knüppeldicke voll** stockbetrunken.

**knüppern** knoten, binden.

**Knust** wie → *Kanten*.

**koddern** rummanschen. »Kodder da nich mit dein unejalen Finger drin rum!« Von mnd. Kod(d)er = Schleim, Rotz.

**Kodderschnauze** negative Bezeichnung für die berühmt-berüchtigte »Berliner Schnauze«.

**Koffer** »einen Koffer in Berlin haben«, Anlaß zur Rückkehr nach Berlin haben. Geht zurück auf den Schlager »Ich hab noch einen Koffer in Berlin«.

**Kofferheule** Radio.

**Kohlblätter** Ohren.

**Kohl** »Dit macht den Kohl ooch nich fett.«, das macht auch nichts weiter aus. »Red doch nich so'n Kohl.«, rede doch nicht solchen Stuß, Blödsinn.

**Kohldampf schieben** Hunger haben. Rotw. Koller sowie Dampf meint »Hunger«.

**Kohle** Geld. »Die Kohlen locker machen«, bezahlen.

**Kohlenkarte** Gehaltsabrechnung.

**kokeln** (nordd., omd.) mit Feuer spielen.

**Koks** 1. Geld. 2. In der Szene-Sprache für Kokain. 3. »Red' bloß keen' Koks!«, rede bloß keinen Unsinn. → auch *Graf Koks von der Gasanstalt*. Abgeleitet von Koks = steifer Herrenhut, was auf William Coke zurückgeht, der den Hut populär machte.

**Kölner Kotze** Italienischer Salat. → auch *Mobbelkotze*.

**Kommfranzundjeh** Conférencier, Ansager.

**Kommunistenschaukel** (ostberl.) für den Wagen der tschechischen Marke »Tatra«.

**Kompott** etwas, das als »Kompott hinten noch mit dranne hängt«, muß noch erledigt werden.

**Kompottschalen** extrem dicke Brillengläser.

**Konfusionsrat** konfuser Mensch.

**Koofmich** Kaufmann, Materialist, Mensch mit konsumistisch-hedonistischer Lebenseinstellung. Entweder entstanden aus berl. koofen und Michel, in Anlehnung an den »Deutschen Michel«, oder aus »Kauf (Koof) mich!«.

**Kopf** Der Kopf spielt in zahlreichen Schimpfwörtern eine wichtige Rolle: **Knallkopp**, **Döskopp**, **Doofkopp**, **Scheißkopp**. Wer hingegen »nich uff'n Kopp jefall'n is«, der ist pfiffig und »weeß 'ne Menge aus'n Kopp«, d.h. auswendig. Was man allerdings »nich im Koppe hat, muß man inne Beene ham«, wenn man dann vielleicht auch »nich weeß, wo einem der Koppe steht.«

**Kopfschuster** im 19. Jh. für Hutmacher.

**Korinthenkacker** oder auch **Krümelkacker** für einen überkorrekten Menschen.

**koscher** (jidd.) rein. »Ick weeß nich, aber der Typ kommt ma nich janz koscher vor.«

**Kosthappen** Kostprobe von Nahrungsmitteln.

**Köter** (nd.) abfällig für Hund.

**kotzen** sich erbrechen. Bereits Mitte des 18. Jh. als »verächtliches Pöbelwort« charakterisiert. Wenn man etwas »zum Kotzen findet«, dann ist es widerlich, hängt einem zum Halse raus. So Max Liebermann über die Nazi-Zeit: »Man kann nicht soviel fressen, wie man kotzen möchte.« Ein Kotzbalken bezeichnet eine schlechte Zigarre, ein **Kotzbrocken** oder auch **Kotzproppen** einen widerlichen, unsympathischen Menschen.

**Krabbe** (mnd. krabbe = krabbelndes Tier) kleines, niedliches Kind bzw. Mädchen.

**Kränke** Krankheit.

**Kragenweite** »Dit is nich meine Kragenweite.«, die Sache ist eine Nummer zu groß für mich; ist mir nicht angenehm.

**Krakel** Streit, Lärm; **krakehlen, Krakehler**. Entweder von frz. querelle = Streit oder von mnd. krackel(e), das auf westflämisch Kreel = Lärm zurückgeht.

**Krakelpfoten** unsaubere Schrift. Mnd. kraken, Kroken = falten.

**kramig** unordentlich. Von Kram = Krempel, wertloses Zeug.

**Kramme** Krampe, U-förmig gebogener Metallhaken, auch Papierhaken, wenn Schüler mit einem »Schießgummi« Krammen schießen.

**Kranz** »Koof dir'n Kranz und wart' uff'n Friedhof, bis de begraben wirst.«

**Krauter** 1. ein »oller Krauter« ist ein Sonderling. 2. Besitzer einer Werkstatt oder eines Ladens. Verstärkend ein **kleiner Krauter**.

**krebsen** bzw. **rumkrebsen** nicht richtig vorankommen, trödeln.

**krepeln** dahinvegetieren. Bei Trachsel (1873) **fortkrepeln** in der Bedeutung von ›kümmerlich fortleben‹.

**Krepierseite** wer »uff de Krepierseite liegt«, hat nicht mehr lange zu leben.

**kreuzfidel** munter, heiter, sehr froh.

**kribbelig** reizbar, nervös, unruhig.

**Kriere** (jidd.) Kälte.

**krimitiv** Verschmelzung aus kriminell und primitiv.

**Krips** Kehlkopf. Abgeleitet von Grips = Kerngehäuse, → auch *Griebsch*.

**krisselig** von leicht gekräuselter Oberfläche.

**Kronsohn** Sohn, wobei die enge Beziehung zwischen Vater und Sohn hervorgehoben wird.

**Kroppzeug** (mnd. kropp = Kleinvieh) 1. Gesindel und 2. kleine Kinder.

**Kröte** Sowohl als Schimpfwort als auch liebevoll zu einem Kind. Im Plural in der Bedeutung von Geld, adjektivisch im Sinne von kratzbürstig, gereizt.

**Krücke** unsympathischer Mensch.

**kruke machen** schlapp machen. Eine Kruke ist eine seltsame Person, ein Sonderling.

**Krümelkacker** → *Korinthenkacker*.

**Kts** (ostberl.) für Kaffeesahne, abgekürzt aus Kuhtittensaft.

**kübeln** trinken.

**Kuddelmuddel** (aus nd. koddeln = flüchtig waschen und modder = Schmutz) Durcheinander, Wirrwarr. Um die Mitte des 19. Jhs. von Berlin aus verbreitet.

**kümmeln** einen Schnaps (Kümmelkorn) trinken.

**Kümmel hauen** Faustschlag auf einen Muskel geben.

**Kümmeltürke** eigentlich ein altes Studentenwort aus der Zeit des Corpsgeistes: »Er sauft wie'n Kümmeltürke«. Heute ein Schimpfwort auf die türkischen Mitbürger. Aber auch allgemein für einen Gemüsehändler.

**Kuhfuß** im 19. Jh. für Gewehr.

**Kujon** (frz. couillon) Schurke, Schuft.

**kujonieren** jemanden ärgern, quälen, schikanieren.

**Kule** (nordd., mnd. kule = runder, verdickter Gegenstand) 1. Vertiefung im Boden, z. B. Sandkule. 2. Brot.

**Kulleraugen** große, runde Augen. »Mach doch nich solche Kulleroogen.«, schau mich nicht so erwartungsvoll an.

**Kulör** (frz. coleur) Farbe. Im übertragenen Sinne: »Die Kulör kenn ick.«, die Personen kenne ich, die taugen allesamt nichts.

**Kulturpickel** (ostberl.) Kongreßhalle in Berlin-Ost.

**Kunde** »'n fauler Kunde«, ist ein zahlungsunfähiger Mensch, jemand, mit dem irgend etwas nicht in Ordnung ist.

**Kunkel fassen** zu allerlei Ausflüchten greifen, um die Wahrheit zu verheimlichen. **Kunkeln** bzw. umgs. kungeln wie → *mauscheln*.

**künstlich** »Nu reg' da nich künstlich auf.«, grundlos auf.

**Kürbis** Kopf.

**kuschki machen** nachsitzen.

**Kute** Grube.

**Kutte** 1. Jacke und 2. für Kurt.

**KWV** (jgdsprl., ostberl.) Kaputt-wüst-verrottet = Kommunale Wohnungsverwaltung.

## L

**L**$^2$ lange Leitung. So auch **L**$^5$: lausig lange leicht lädierte Leitung.

**Laban** (serb., poln.) wie → *Laatsch.*

**Labbe** (nd. lappen = schlaff herunterhängen) 1. eitler Nichtskönner. 2. Lippe, Mund.

**labberig** unangenehm weichlich (von Speisen).

**labern** dummes Zeug reden, schwätzen. Fußt auf → *Labbe.*

**Labommel** durchtriebener Kerl (Schimpfwort).

**Lackaffe** eitler Fratz, wie → *Fatzke.* Basiert auf lackierter (= geschniegelter, eingebildeter) Affe.

**lackieren** betrügen.

**Ladenschwengel** abwertend für Kaufmannsgehilfe.

**Lakenball** »zum Lakenball jeh'n«, ins Bett gehen.

**Lamäng** (frz. la main) »aus der Lamäng heraus« machen, etwas routiniert, sicher und ohne lange Nachdenken zu müssen, tun. Was nicht in Frage kommt, »kommt nich inne Lamäng«.

**Lamberkeng** auch Lamberkäng (frz. lambrequin) Fensterquerbehang. »'ne Stulle mit Lamberkengs«, eine Brotschnitte, deren Belag an den Rändern ›überhängt‹.

**Lampe** »einen auf die Lampe gießen«, trinken, sich betrinken. Vermutlich nicht von frz. la lampée = tüchtiger Schluck, sondern von umgs. »Öl auf die Lampe gießen« = trinken, was eigentlich meint, die Lampe mit Öl füllen.

**Landei** Mädchen vom Lande.

**Landpom(m)eranze** wie → *Landei.* (Pomeranze = Bitterorange)

**längelang** der Länge nach.

**langen** 1. reichen, ausreichen. »Jetz langt's ma aber!« 2. hauen. »Wenn de nich still bist, dann lang' ick dir eene.« »Ick lang' mal gleich rüber.«

**langstielig** langweilig.

**Lästerschwein** ironisch für Schwesterlein.

**Laternenpfahl** ein »Wink mit'n Laternenpfahl« ist ein überaus deutlicher Wink.

**Latichte** 1. Laterne, 2. Licht und 3. Blickfeld. Verschmelzung aus Laterne und Licht. »Woll'n se ma nich aus de Latichte jeh'n!«, aus dem Licht, aus dem Blickfeld gehen.

**La(a)tsch** auch **Lulatsch** langer, meist hagerer Mensch. Verallgemeinernd ›Mensch ohne Haltung‹. Im Pl. für Hausschuhe, **latschen** schlurfen, nachlässig gehen.

**Latz** »eene vor'n Latz kriegen«, eine geschlagen bekommen.

**Laube** wer eine Arbeit rasch erledigt hat, kommentiert dies erleichtert: »Fertig is de Laube.«

**Laubfrösche** nannte man in Berlin vor 1848 die Gendarmen, welche grüne Uniformen trugen. Heute umgs. für grün Uniformierte wie z. B. Zöllner.

**Laubenpieper** Kleingärtner.

**lauern** warten.

**Laune** »Dit macht Laune.«, Spaß.

**Laus** wer sich »nich 'ne Laus in' Pelz setzen will«, der will sich nichts Unangenehmes aufladen.

**Lauselümmel** Laus(e)bengel.

**Lauseharke** Kamm.

**Lausekröten** »Die paar Lausekröten!«, das bißchen Geld.

**Lausenest** Dorf, Kleinstadt.

**Leberwurst** »Der is beleidigt wie 'ne jekränkte Leberwurscht.«

**Leib** »Jeh mir vom Leibe!«, laß mich in Ruhe.

**Leichenstrümpfe** Würste.

**Leichenwagen** drohend: »Bestell dir schon immer mal 'n Leichenwagen.«

**Leierkasten** Drehorgel. Eine **Leierkastendecke** bezeichnet einen Mantel.

**Leisetreter** Hausschuhe.

**Leitungsheimer** für ein Glas Wasser.

**leppern, sich** »Da leppert sich wat zusammen.«, da kommt etwas zusammen, z. B. an Geld.

**lernen** anstelle von lehren.

**letztens** neulich.

**Leukoplastbomber** Kleinwagen.

**Levkoi** im 19. Jh. für Lakai. Wortspiel zu Levkoje (gr. leukoion = Weißveilchen).

**Lichter** Kerzen.

**Lichterne** Laterne.

**lila** »Wie jehts denn so?« - »So lila.« Lautspiel zu ›so lala‹ und mit Bezug auf umgs. »lila bis blaßblau« bzw. »lila durchwachsen«.

**Lippe** »'ne Lippe riskieren«, vorlaut, frech sein.

**Lippenkitzler** Bart.

**Lippentriller pfeifen** trinken.

**Lissy, blonde** Klobürste.

**Loden** Locken, Haare, wenn sie ungepflegt sind. Mhd. Lode = grober Wollstoff.

**Löffel** Ohren. → auch *Horchlöffel*.

**löhnen** bzw. ablöhnen bezahlen.

**Lorke** 1. dünner Kaffee. 2. allgemein für ein schlechtes Getränk.

**loseisen** freimachen, befreien.

**losschießen** »Schießen Se endlich los!«, sprechen sie endlich.

**löten** »Da jibt's nischt zu löten (am Holzeimer)« = Da ist nichts zu machen.

**Lowise** Luise.

**Luder** Schimpfwort, (mhd. luoder = Lockspeise, Schlemmerei, Gespött) Aas. »Du jemeinet Luder, du!«

**Lulatsch** → *La(a)tsch*. **Langer Lulatsch** ist der Spitzname des Berliner Funkturms.

**Lümmel** 1. frecher Bengel und 2. Penis.

**Lümmeltüte** Präservativ.

**lumpen** wer sich »nich lumpen läßt«, ist nicht geizig, sondern spendabel. Die »paar lumpjen Fennje« meint »das wenige Geld«.

**Lungentorpedo** Zigarre, starke Zigarette.

**Lunte** wer »Lunte riecht«, der schöpft Verdacht. »Dit macht Lunte!«, das macht Spaß.

**Lusche** jemand, der unfähig ist, der nichts kann.

**Lüttiti** (mit Hauptakzent auf der ersten Silbe). Wer »'nen kleinen Lüttiti hat«, der hat einen kleinen Stich, der spinnt.

## M

**M.** oder auch **Emm** bzw. **Emmchen**, Mark.

**Macher** der Leiter. »Kollege Meier ist der Macher von't Janze.«

**Macke** (jidd. makko = Schlag, Stoß). Wer »'ne Macke hat«, hat vielleicht einen Schlag gegen den Kopf erhalten und hat deshalb nicht alle Tassen im Schrank, sprich: er hat einen leichten Dachschaden. Ist an einer Sache »'ne Macke dran«, so ist sie beschädigt.

**Macker** (jgdsprl.) Freund, irrer Typ. Vielleicht von ndl. makker = Genosse, Kamerad.

**Madenkiste** Sarg.

**madig machen** jemanden schlecht machen.

**Mafiatorte** Pizza.

**Maikeber** bezeichnet das Garde-Füsilierregiment in der Kaiserzeit, das alljährlich in der ›Maikäferzeit‹ zu den Paraden nach Berlin kam.

**Makulatur** reden Klartext reden.

**malle** dumm. Aus dem Ndl. im 14. Jh. entlehnt.

**mampfen** 1. essen, 2. schwatzen.

**Männe** Abkürzung von Hermann, verallgemeinernd für Ehegatte.

**Männeken** kleiner, schwächlicher Mann. Leitet sich nicht ab - wie immer wieder behauptet - von frz. ›mannequin‹, der beweglichen Gliederpuppe des Schneiders, sondern ist eine Zusammensetzung von hd. ›Mann‹ und dem nd. Diminutivsuffix ›-ken‹ (hd. -chen), also »Männchen«.

**mang** (nd. mank) dazwischen, zwischen, darunter. Etwas »mang de Huddern haben«, in den Händen haben. Als Kritik an Personen, die aus einem bestimmten Bereich ausgegrenzt werden sollen: »Mang uns mang is eener mang, der nich mang uns mang jehört.«

**manoli** verdreht, verrückt. Geht zurück auf die Lichtreklame der Firma Manoli, Ende des 19. Jh.s, wo sich in einem Lichtkreis eine schwarze Kugel ständig drehte. Der Effekt des sich ständig drehenden Lichtes zu der damaligen Zeit ›machte die Leute verrückt‹, vergleichbar heute der Wirkungs des Stroboskops. Wer völlig verrückt ist, der ist **manoli linksherum**. Die vorgetäuschte Kreisbewegung der Lichtreklame lief entgegen dem Uhrzeigersinn.

**man(t)schen** mischen, feuchte, flüssige oder halbflüssige Stoffe mit den Händen durchwühlen. Mutter zu ihrem Kind: »Mensch, mansch nich so in deinem Essen rum, sondern iß lieber.«

**Manschetten haben** Furcht, Angst haben. Mit Bezug auf Manschetten = Handschellen, eigentlich die Handüberschläge am Hemdsärmel.

**Marie** Geld. »Die Marie springen lassen.«, bezahlen, spendieren. Geht zurück auf den Maria-Theresien-Taler.

**Mark** »Dit jeht ma durch Mark und Pfenn'je.«, durch Mark und Bein. »'ne Mark abdrücken«, bezahlen. »Ick hab keene müde Mark mehr.«, ich bin pleite.

**markieren** (frz. marquer) vortäuschen. Wer »'nen Dusslijen markiert«, stellt sich dumm.

**Marks** Knochenmark.

**maschucke** verrückt. → *meschugge.*

**Masse** Menge. »Dit is 'ne janze Masse Bier.«

**Massel** (hebr. masel = Schicksal, Glücksstern) Glück. »Da haste aber wirklich Massel jehabt!«

**Matratze** »anne Matratze horchen«, schlafen. Ein **Matratzenhorcher** ist ein Langschläfer, **Matratzenkino** bezeichnet den Fernseher.

**Matsch** (nordd. und md.) Schmutz, insbesondere **Schneematsch**, wenn der in den Straßen liegende Schnee chamäleonartig seine Farbe von weiß auf schwarz gewechselt hat. Wer »Matsch am Paddel hat«, der »hat 'n Ding am Kopp«.

**Matte** 1. lange Haare bei Männern und 2. Teppich. »auf der Matte stehen«, da sein. »Um 5 Uhr steh ick uff der Matte!« Vielleicht abgeleitet von der Matte des Boxrings: Wer »auf der Matte steht«, ist da und hängt nicht in den Seilen.

**Matz** (Kurzform von Matthias) im 19. Jh. für untauglicher Mensch, heute für einen unbedeutenden Menschen sowie für ein kleines Kind. Eine **Matzble(e)ke** ist ein Trottel.

**mau** (nordd.) unwohl, schwach, wenig. »Dit war ja 'n bißchen mau, dein Referat.«

**Mauke** (slaw.) 1. Fuß. Nach dem Fußballspiel oder wenn man allgemein viel gelaufen ist, kommt es vor, daß man **dicke Mauken** hat. 2. übelriechende Füße = **Käsemauken**. 3. große Schuhe und 4. Ball mit geringem Luftdruck.

**mauscheln** (rotw.) heimlich betrügen.

**Mäuse** Geld.

**Mäusebraten** Kartoffeln mit Speck.

**Mäuse melken** »Dit is ja zum Mäusemelken.«, zum Verzweifeln.

**mausetot** völlig tot. Leitet sich nicht aus dem Frz. ›mot aussi tôt bzw. mort si tôt = sogleich tot) ab, sondern aus dem Nd. mu(r)sdod.

**mausig** wer »sich mausig macht«, der tut sich wichtig, erlangt Bedeutung.

**meckern** nörgeln. Ein → *Nörgelfritze* ist ein **Meckerkopp**, eine → *Nörgeltante* eine **Meckerziege**. Iterativ zu schallnachahmendem meckern = wie eine Ziege schreien.

**mehrére** mehrere.

**Meile** »Dit riecht man zehn Meilen jejen 'n Wind.«, da stimmt etwas nicht.

**Meiran** Majoran.

**Meise haben** einen Vogel haben, verrückt sein, rumspinnen. »Der hat 'ne volle Meise.« Umgs. von Berlin ausgegangen.

**melanklöterich** wehmütig. Zusammengesetzt aus melancholisch und nordd. klöterig = schlecht, schwächlich und mit Bezug auf frz. mélancolique.

**melden** »Meier hat zuhause nüscht zu melden.«, nichts zu sagen.

**Memme** Feigling. Von mhd. memme, mamme = Mutterbrust.

**Menkenke** auch Menkenken 1. Geschrei, Umstände und 2. Blödsinn, Quatsch. Lautspielerische Substantivierung von ›mengen‹.

**Merkwürden** Hochwürden. Als ironische Anrede: »Na, Euer Merkwürden, wie jeht's?«

**Merkwürdiges Viertel** Märkisches Viertel, Neubaukomplex im Norden Berlins.

**meschugge** (jidd. meschuggo) verrückt, irre. »Dein Jequatsche macht ma janz meschugge.«

**Meter** Mark (Geld).

**Meucheleisen** Dolch.

**mickrig** (germ. muk = weich, gedrückt) klein und schwächlich, kränkelnd. In einem Gedicht von Bornemann heißt es 1816: »De Fru was klein und mückerig, dät Fleeschwerk drückte just är nicht.«

**Mief** schlechte Luft. Ein **Miefquirl** ist ein Ventilator oder eine einen üblen Geruch verbreitende Person.

**Mieke** Schwester.

**mies** (jidd. mis(er) = widerlich) schlecht, übel, widerlich. Ein **Miesepeter** ist ein ewig nörgelnder Mensch, ein **Miesmacher** ein Schwarzseher.

**Milchreisbubi** kindlich aussehender Mann.

**Minna** 1. Freundin, Frau. 2. Geschirrspülmaschine. Jemanden zur »Minna machen«, bedeutet ihn beschimpfen, fertig machen. Die **Grüne Minna** bezeichnet einen Polizeiwagen. Als Ausruf der Verwunderung: »Ach du dicke Minna!«

**Mirabellenetui** Büstenhalter.

**Mischpoke** (jidd. mischpocho = Stamm, Sippe, Familie) Verwandtschaft, Anhang mit leicht negativer Konnotation: »Jestern war schon wieder die janze Mischpoke da.«

**Mist** ist ein produktives Element in vielen Komposita. Eine **Mistbiene** ist ein Schimpfwort auf eine Frau, ein **Mistkäfer** auf einen Mann, **Mistbolzen** wird auf beiderlei Geschlecht angewendet. Eine **Mistgondel** bezeichnet einen Kinderwagen, eine **Misttöle** einen Hund. Die **Mistjauche** ist entstanden aus obs. Mistgauche = flüssiger Stalldünger und gleichbedeutend sorb. jucha. All diese Schimpfwörter »sind uff'n Mist der Berliner jewachsen«, d.h. sind ihre Erfindung.

**Miß Tiefjekühlt, Miß Wackelarsch** Ehrentitel der Berliner für ihre Schönheitskönigin.

**mitkriegen** verstehen.

**mittenmang** dazwischen, drinnen, mittendrin. → *mang*.

**Mitternachtsvase** Nachttopf.

**Mittlerer Koofmich** Normalbürger. → auch *Koofmich*.

**mohndoof** besonders → *doof*. Geht darauf zurück, daß im früheren Pommern und Ostpreußen den Kleinkindern zur Beruhigung in Leinen eingewickelter Mohn gegeben wurde, und da Mohn bekanntlich ›doof‹ macht, war die Neuschöfung geboren.

**Molle** (nd. Mulde, Backtrog) Glas Bier. Ein **Mollenfriedhof** ist ein dicker Bauch, eine **Mollekühle** eine kühle Molle. Eine **Molle mit Kompott** ist ein Glas Bier und ein Kurzer.

**Molleken-Doof** dümmliches Kind. Aus → *mollig* und -ken und → *doof*.

**mollig** 1. warm, bequem und 2. warm.

**Molly, gehackter** für → *Bulette*.

**molum** betrunken.

**Mont(e) Klamotte** Spitzname für den aus Steintrümmern aufgeschütteten ›Insulaner‹ in Berlin-Schöneberg. Auch allgemein für eine Städtische Müllkippe.

**Moos** (jidd.) Geld.

**Mop(p)** 1. Perücke. 2. lange Haartracht.

**Moppel** 1. Rollmops und 2. kleiner Hund. **Moppelkotze** bezeichnet hingegen Italienischen Salat.

**Mopse** im 19. Jh. für Geld. Als Verb **mopsen** = stehlen.

**Motte** »'ne kesse Motte« bezeichnet einen schlagfertigen Teenie. Wer »bis in die Motten pennt«, der schläft ziemlich lange und frönt nicht dem Spruch »Morgenstund hat Gold im Mund.«

**Mottenfiffi** Perücke.

**Mottenpost** Berliner Morgenpost (Tageszeitung).

**Mücke** »'ne Mücke machen«, weglaufen; »Mücken locker machen«, bezahlen.

**Muckefuck** Ersatzkaffee, verallgemeinernd auch → *Blümchenkaffee*. Der Muckefuck wurde angeblich von den Hugenotten kreiert. Als Friedrich II. den Kaffeezoll drastisch erhöhte, halfen die französichen Gärtner den Berlinern aus der → *Bredullje*: Aus den gerösteten Wurzeln der Zichorie verliehen sie dem verdünnten Kaffee eine tiefschwarze Farbe. Von daher ergibt sich die üblicherweise angegebene Ableitung aus frz. mocca faux = falscher Mokka. Es handelt sich indes um eine Zusammensetzung aus Mucken = brauner Holzmulm und fuck = faul, gleichbedeutend mit rheinisch ›Muckenfuck‹.

**Muckepicke** Motorrad, wie → *Nuckelpinne*.

**mucksen** mucken. Mnd. Intensivbildung »den Mund kaum auftun und halblaut murmeln«. »Mucks da nich'!«, sei ruhig.

**mudicke** angefault. Von nd. muddig = faulig riechend.

**Müllkutenindianer** Angestellter bei der Müllabfuhr.

**Mürbchen** besonders zarter Fleischspieß.

**Muffensausen** wer »Muffensausen hat«, der hat Angst.

**muffig** oder **mufflig** mürrisch, maulfaul.

**mulmig** unbehaglich, bedenklich. Abgeleitet von Mulm = morsches, faulendes Holz.

**Mumm** Mut. Vielleicht von lat. animum, Akkusativ von animus = Geist, Seele, verkürzt oder rotw. Mumm = geistiges, körperliches Vermögen.

**Mumpitz** Unsinn. Von Mumme = Maske und Butze = Vogelscheuche, Schreckgestalt.

**murklig** unansehnlich, klein. Murke = Krume.

**Murks** schlechte Arbeit. »Der hat wieder Murks verzappt.« Als Verb im 19. Jh. für ›in Unordnung bringen‹, heute **abmurksen** für ›töten‹.

**Murmeln** im 19. Jh. für Geld.

**Musspritze** Regenschirm.

**Mustopp** Marmeladentopf. Im Jahre 1872 als Schülerjargon vermerkt im Hinblick auf einen Schüler, der eine dumme, gedankenlose Antwort gibt. Heute allgemein für jemanden, der etwas reichlich spät begreift: »Du kommst wohl aus'm Mustopp.«

**mutterseelenallein** völlig allein, vielleicht abgeleitet von frz. moi tout seul = ich ganz allein oder zusammengesetzt aus Mutterseele = Mutter und mutterallein = ganz allein.

## N

**Nabelficker** ein mit sich selbst beschäftigter Typ, Narziß.

**nachgeschmissen** sehr billig. »Beim Schlußverkoof kriste de Klamotten nachjeschmiss'n.«

**Nachtdroschke** Leichenwagen.

**Nachteule** im 19. Jh. für eine alte, häßliche Frau, heute für eine Person, die die Nacht zum Tage macht.

**Nachtigall** »Nachtijall, ick hör da trapsen!«, ich merke etwas, es ist etwas im Gange. Abwandlung von »Nachtigall, ich hör dich singen« aus »Des Knaben Wunderhorn«. trapsen = trampeln.

**Nachtmütze** verschlafener Mensch.

**Nachtschattengewächs** wie → *Nachteule*.

**nachtschlafend** zu nachtschlafender Zeit.

**Nachttopf** Hut, Mütze. Wahrscheinlich abgeleitet von der soldatischen Bedeutung »Stahlhelm«.

**Nachwuchs** »Dit is mein Nachwuchs.«, mein Kind.

**nachzotteln** langsam nachfolgen.

**Nakedei** (got. naqadei = Nacktheit) nackte Person, insbesondere Kind. **Nackedonien** ist Mazedonien nachgebildet und meint einen Nacktbadestrand.

**Nagel** »Mann, hat der 'n Nagel drin!«, ist der betrunken.

**Nahkampfdiele** Lokal, Bar, Tanzfläche.

**Nappkuchen** oder auch **Nappsülze** Trottel, jemand, der aus dem → *Mustopp* kommt.

**Nase** gesprochen **Neese**. »Ham Se schon de Neese pleng (frz. plein = voll)?« Wenn nicht, »muß ick Ihnen noch paar Wörter unter die Neese reiben.« Ein **Nasenfahrrad** ist eine Brille, ein **Nasenkneifer** oder **Nasenquetscher** hingegen ein Sarg. Letzterer kam kurz nach 1750 in Preußen auf als »Sarg der Armendirektion«. Jener niedrige Billigsarg mit flachem Deckel wurde durch Friedrich den Großen in Zusammenhang mit der Reform der Armenverwaltung eingeführt.

**Nasenwärmer** 1. Schnauzbart und 2. Halbschleier, der bis zur Oberlippe reicht.

**Nassauer** im 19. Jh. für einen Geizkragen, heute für jemanden, der andere für sich bezahlen läßt. Bildung zu rotw. naß = ohne Geld sowie in Anlehnung an den Orts- und Landesnamen Nassau. Als Verb **nassauern**.

**Natter** wer wie »'ne Natter reagiert«, ist äußerst empfindlich.

**Nebbochant** (jidd.) Nichtskönner. Gebildet von umgs. ›nebbich‹, einem Ausdruck geringschätziger Ablehnung.

**Negerpimmel** Blutwurst.

**Negerschweiß** Bezeichnung für 1. Cola-Getränk und 2. Kaffee ohne Milch.

**neppen** zu hohe Preise nehmen. Vielleicht von rotw. neppen = betrügen.

**Neu-Deli** (ostberl.) Delikatläden.

**nichtsdestotrotz** nichtsdestoweniger.

**nicht ohne** sehr gut. »Dit Essen war nich ohne.« »Der is nich ohne.«, vor dem muß man sich in acht nehmen, der hat Ahnung.

**nie** sehr gut. »Dit flutscht wie nie.«, das klappt sehr gut.

**Niedertreter** Hausschuhe.

**Nieselpriem** (nordd., omd.) langweiliger Mensch. Aus nieseln = leicht regnen und P(f)riem = Schusterahle.

**nischt** bzw. **nüscht** für nichts. »Nüscht Jenauet is nich raus.«, etwas Genaues weiß man nicht.

**Nixer** Versager. Berlinische Variante zu umgs. ›Nichtser‹.

**nö(h)len** (nd,.) 1. zögern und 2. vor sich hinschmollen, nörgeln.

**Nö(h)lepeter** oder **Nö(h)lsuse** Nörgler(in).

**Nörgelfritze** Nörgler.

**Nolle** Nollendorfplatz in Berlin-Schöneberg.

**Nonneferzchen** → *Nunneferzchen*.

**Noten** Schläge. »Keile nach Noten.«

**Nuckelken** Lockruf für Kaninchen.

**Nuckelpinne** herablassend für ein langsames Auto. Aus nuckeln = langsam sein und Pinne = Hebelarm am Stuerruder. Wie → *Muckepicke*.

**nuddeln** ursprünglich am Leierkasten drehen, heute für eine ungleichmäßige Drehbewegung ausführen oder eine mühsame Kleinarbeit verrichten.

**Null uff's Ferd** Nullouvert (beim Skatspiel).

**Nulpe** willensschwacher Mensch, Schwächling, Dummkopf. Vielleicht von Null = unbedeutender Mensch oder obs. enne triebe Nulpe = eine trübe Wolke.

**Nummer** »Dit is 'ne Nummer.«, das ist ein Typ!

**Nunneferzchen** Kameruner. (Nonnenpförzchen)

**Nusche** 1. Nase und 2. Mund, Fresse. »Krist glei' eens inne Nusche!« Nebenform zu umgs. ›Nuschel, Nischel‹.

**Nuttenbrosche** Spitzname für den Brunnen auf dem Alexanderplatz.

**nuttig** unbedeutend, schlecht.

# O

**oben** »obenuff sein«, vergnügt sein.

**Ober** 1. Oberkellner. Ironisch: Herr **Oberkörper**. 2. Regierender Bürgermeister von Berlin.

**oberfaul** »An der Sache is wat oberfaul.«, die Sache hat einen Haken. Vielleicht von nd. aewerful = mehr als faul.

**Obermimer** oder **Obermotz** geringschätzig für den Vorsteher oder Leiter einer Gruppe. »Der Obermima von't Janze.«

**Oberschweineöde** (ostberl.) Oberschöneweide.

**öberste** oberste.

**Oberstübchen** Kopf. »Der tickt nich richtig im Oberstübchen.«, der spinnt.

**Ochsenpantoffel** Schimpfwort für eine Person.

**Oderkähne** zu große Schuhe.

**öfter** wenn einem ein Mißgeschick passiert: »Machen Se dit öfter?«

**Ölgötze** schweigsamer und somit die Gesprächspartner langweilender Mensch. »Der sitzt da wie'n Öljötze.«

**Ölkopp** wer »'nen Ölkopp hat«, der hat einen Kater, ist betrunken.

**oll** (nd.) alt. In vielen Verbindungen als Beschimpfung: **oller Knopp, oller Zausel, oller Kerl, oller Bock,** etc.

**Olle** Alte(r), meistens für Ehegattin: »Meine Olle!« Liebevoll in der Wendung »mein(e) Olleken«.

**Omme** 1. Kopf, 2. Fußball.

**Onkel** großer Zeh. Wer »onkelt«, der verdreht beim Gehen den Fuß, von frz. ›gros ongle‹ = großer Zeh. Seit 1870 in Berlin belegt.

**Onkel, gelber** Rohrstock.

**Onkel Pelle** clowneske Figur bei Kinderfesten.

**och** berl. Aussprache für auch.

**Ooge** berl. Aussprache für Auge.

**Opodéldok** Ausruf des Erstaunens, abgeleitet von dem gleichnamigen Hausmittel zur Behandlung rheumatischer Beschwerden.

**Oper** »Quatsch bloß keene Opern.«, quatsch nicht → *dusselig*, bleib sachlich.

**organisieren** Im engeren Sinne stehlen, aber allgemein auch etwas besorgen.

**Orient-Expreß** wie → *Istanbul-Expreß*

**Orje** Georg.

**Oskar** »frech wie Oskar«, äußerst frech.

**Ostseeforelle** Salzhering.

**Otto** Bezeichnung für irgendeinen Gegenstand, eine Sache usw. Zum Beispiel als erstaunter Ausruf über einen besonder großen Gänsebraten: »Dit is'n Otto!«. Entstand vielleicht mit Bezug auf den Jockei Otto Schmidt, volkstümlicher Liebling auf der Rennbahn Hoppegarten, der von Hans Albers mit »Otto, Otto« angespornt worden sein soll. Von daher erklärt sich auch der Gebrauch in expressiven Ausrufesätzen.

# P

**Pachulke** (poln. pacholek) grober, ungeschlachter Mensch. Im Mittelalter wurden im polnischen Raum die von der Stadt bezahlten Söldner ›pacholkowie‹ genannt. Später als verächtliche Bezeichnung für die in Lehndiensten stehenden Bauern. Interessanterweise werden in Polen die moskautreuen Kommunisten von der Bevölkerung ›pacholkowie Moskwy‹, also die Pachulken Moskaus genannt.

**Pack** Gruppe von Menschen, die man verachtet; Gesindel. Von mnd. pak = Pack, Bündel, Gepäck.

**Package** (frz. bagage = Gepäck) Gesindel. → auch *Pack*.

**Padde** im 19. Jh. für Frosch, heute allgemeiner für eine Person, die sich im Wasser tummelt, insbesondere ein Kind. Im 12. Jh. aus dem Ndl. übernommen.

**Paddenpuper** Ausflugsdampfer. Basiert auf nd. padden = treten, schreiten, von dem ›paddeln‹ abgeleitet ist, und umgs. ›pupen‹.

**Pallazzo Prozzo** (ostberl.) spöttisch für den Palast der Republik in Berlin-Ost. → auch *Ballast der Republik*.

**Palme** »Der is ja mächtig uff de Palme.«, sehr aufgeregt. »Der bringt mich uff de Palme.«, der macht mich verrückt.

**Pamel** Brot.

**Pampe** (nd. Pamp = Brei, Modder) im 19. Jh. für schlechtes Essen, heute allgemein für eine weiche, breiartige Masse.

**pampig** 1. frech, auftrumpfend, anmaßend. 2. breiig, weich. Abgeleitet von → *Pampe*.

**Pampu(t)schen** Schuhe. Abgeleitet von umgs. Babuschen = Hausschuhe, Filzpantoffeln, was auf frz.

babouche = türkischer Schuh fußt, was wiederum auf türkisch ›pabutschi‹ zurückgeht.

**Panne** »Der hat vielleicht ’ne Panne.«, der ist nicht ganz richtig im Kopf. Von frz. panne = Funktionsstörungen bei Maschinen, Motoren; vgl. auch être dans la panne = in der Patsche, Klemme sitzen.

**Panoramablick** jemand, der »’n Panoramablick hat«, der schielt.

**Pantinen** (nd. Pantine = Holzschuh, Pantoffel) »Kipp nich aus de Pantinen, wenn de die Nachricht hörst.«, brich nicht zusammen, fall nicht um. **Pantinenkintopp** hingegen bezeichnet das → *Filzlatschenkino*.

**Panzerplatte** für → *Bulette*. Fußt auf umgs. Panzerplatte = Scheibe Hartwurst.

**Pappchinese** alberner Mensch.

**Pappdiskus** Pizza. Bestandteile wie Pappe und Form eines Diskus.

**Pappe** wenn man »die Pappe hat«, nämlich den Führerschein, » is dit nich von Pappe«, nicht schlecht. Ob man das Gleiche von der »Pappe«, dem Trabbi, sagen kann, sei dem Leser überlassen.

**Pappenstiel** »Dit is keen Pappenstiel.«, das ist nicht wenig, ist nicht gering zu veranschlagen.

**par Order di Mufti** auf höheren Befehl.

**Parteitagssprudel** (ostberl.) Springbrunnen auf dem Straußberger Platz.

**partu** (frz. partout) durchaus. »Sie will partu nich mitjeh’n.«

**passen** gefallen. »Dit paßt ma jar nich, daß de noch nich jefrühstückt hast.«

**patent** begabt, geschickt, in Ordnung. »Is 'n, janz patenter Kerl.«, was für ein **Patentekel** nicht gerade gilt. Ein **Patentfatzke** ist ein eingebildeter Mensch.

**Patsche** Straßenschmutz. Im Pl. Hände. »In der Patsche sitzen«, keinen Ausweg finden, in → *Bredullje* sein. Abgeleitet von der lautmalenden Interjektion ›patsch‹.

**Patz-Eule** Schimpwort für jemanden, der etwas verpatzt hat.

**patzig** frech, unhöflich, vorlaut.

**Pauke** 1. Schule, 2. Bauch. Ein **Pauker** oder auch **Arschpauker** ist ein Lehrer. Wer »ordentlich een' uff 'de Pauke haut«, der macht einen drauf und ist im Geldausgeben sehr freizügig. Wer »mit der Pauke jepiekt is'«, der ist nicht recht bei Verstand.

**Pechhengst** im 19. Jh. für Schuster.

**pechös** mißlich, unglücklich.

**Pedalenstiege** Fahrrad.

**Pede** 1. Quecke, 2. Unkraut und 3. Haare. Ndl. Herkunft.

**peesen** rennen, laufen. → *pesen*

**Pelle** (lat. pella, ndl. pel) Haut. »Jeh ma bloß vonne Pelle.«, laß mich in Ruhe. »Der sitzt ma uff der Pelle!«, der läßt mich nicht in Ruhe. Berliner Spezialität: Pellkartoffeln mit Leinöl. Verbreitung des Substantivs durch niederländische Siedler in der Mark.

**pellen** jemandem eine Ohrfeige verpassen.

**Penne** (lat. penna = Schreibfeder) 1. Schule, 2. Bett und 3. für eine liederliche Frau.

**Penunse** (poln.) Geld.

**Persilschein haben** alles machen dürfen, wenn jemand »nich sauber tickt.« Früher in Anwendung auf die Personen, die nach 1945 entnazifiziert wurden, somit also reingewaschen waren (Persil = Bezeichnung einer Waschmittelmarke).

**per Tallje gehen** ohne Mantel gehen.

**pesen** (lat. pes = Fuß) schnell laufen, rennen.

**Peter Lehmann** Petroleum.

**pet(t)ern** herumstochern.

**petzen** anschwärzen. → *anpetzen*. Von rotw. petzen = bei der Polizei anschwärzen. Seit Ende des 18. Jhs. stud. belegt.

**Pfanne** jemanden »in de Pfanne hau'n«, bedeutet, ihn entweder körperlich oder in einem Wortgefecht niedermachen.

**Pfannkuchen** Gebäck, das außerhalb Berlins als »Berliner« bekannt ist. Ein »Pfannkuchen mit Beene« ist ein kleiner, dicker Mensch.

**pfeffern** werfen. »Ich pfeffer dir gleich 'n paar!«, ich hau' dir gleich ein paar runter.

**Pfefferzimmer** Abstellraum, in den man alles »reinpfeffert«.

**Pfeife** Idiot. »Wem die Pfeife ausjejang'n is«, der hat kein Geld oder keine Kraft mehr.

**pfeifen** trinken. »Jeh'n wa noch een pfeifen?« Abgeleitet von der soldatischen Sitte, die Menge der Flüssigkeit in einer Feldflasche dadurch zu prüfen, indem man in die Flasche bläst.

**Pfeifenheini** ist wie **Pfeifenkopp** ein Schimpfwort gegenüber einer körperlich unterlegenen Person.

**Pferd** »Ick gloob, mich tritt 'n Ferd!«, Ausruf des Erstaunens, der Verwunderung. »Der Apfel fällt nicht weit vom Pferd.«

**Pferdekur** Kur à la Dr. Eisenbart.

**Pfiff** Kunstgriff.

**Pfingstochse** nach Trachsel (1873) ein »überreich mit Schmucksachen beladener Geck.« Heute allgemein für einen dummen Menschen.

**Pflanze** gesungen mit der Melodie des ›Petersburger Marsches‹:

»Denkste denn, denkste denn,
Du Berliner Pflanze,
Denkste denn, ick liebe dir,
Nur weil ick mit dir tanze?«

**Pflasterstein** ein harter Pfefferkuchen. Übertragbar auf alle zu hart gewordenen Gegenstände.

**Pflaume** auch **Pflaumenaugust** oder **Pflaumenede** Versager, Nichtskönner. Aber auch Ball, Fußball. »Spielste mit Fußball?« - »Aber nich mit der Flaume, die de da inner Hand hast.«

**Pforzmolle** Bett.

**Pfote** auch **Pote** gesprochen Hand bzw. Fuß.

**Pfund** 1. oft als verstärkendes Element in Komposita: **Pfundskerl, Pfundswetter, Pfundssache,** etc. 2. Zwanzig Mark.

**pfuschen** 1. schludrig arbeiten und 2. schwarz arbeiten.

**picheln** (nd., omd.) stark trinken. Ursprünglich nach Pegeln (Eichzeichen) trinken, vgl. nd. ›enen goden Pegel supen‹.

**Piefke** kleiner Junge, nach dem preußischen Musikmeister Piefke, der 1864 den Düppeler Sturmmarsch komponierte. Einfluß von nordd. Piefke = Pfeifchen im Sinne von kleiner Penis (des Knaben) ist nicht auszuschließen.

**Pieke** »von der Pieke auf lernen«, von Anfang an und gründlich. (Picke = Spitzhacke)

**Piejatz** im 19. Jh. für Zigarre.

**piekfein** sehr fein, auserlesen. Leitet sich nicht - wie allgemein behauptet wird - aus dem Jidd. ab, sondern von der nd. Bezeichnung ›puk, pük‹, ursprünglich für eine feine niederländische Tuchsorte. Hat sich dann als Gütebezeichnung allgemein herausgebildet und ist schließlich zum anerkennenden Ausdruck geworden.

**Piep** »Er kann nich mehr Piep sagen.«, keinen Ton mehr herausbringen. »Der hat'n Piep.«, der hat einen Vogel, der spinnt.

**Piepe** (nd.) ursprünglich für eine Halm- oder Weidenpfeife, heute allgemein für Pfeife. »Dit is ma piepe.«, das ist mir völlig egal.

**piepegal** völlig gleichgültig. Zusammensetzung aus → *piepe und egal.*

**Piepel** 1. kleiner Junge und 2. Penis. »Kinderschokolade biegt den Piepel gerade.« → auch *Piepe.*

**Piepen** Geld. »Viel Arbeet und wenig Piepen.« Verkürzt aus → *Piepmatz.*

**Piepmatz** Vogel, eigentlich Adler auf der Münze. »Wer 'nen Piepmatz hat«, der ist verrückt.

**Pieps** »'n Pieps«, ganz wenig.

**piesacken** quälen, peinigen, aber auch abgeschwächt für ärgern. Von nd. pisakken = schlagen, quälen, was sich ableitet von nd. Pessek = Ochsenziemer, eigentlich Geschlechtsglied des Stieres.

**Piesepampel** charakterschwacher, ungeschickter Mensch. Vielleicht aus bammeln = schlaff herabhängen und Piesel = Penis, in Analogie zu → *Schlappschwanz.*

**pietschen** trinken. Von poln. pic oder tschech. pici = Blechkanne.

**Pilli** ein Glas Pils.

**Pimpelfritze** bzw. **Pimpelliese, -lotte** jemand, der schnell friert.

**pimpeln** frieren, empfindlich sein.

**Pimperlinge** kleine Geldstücke, Geld.

**pimpern** Petting ausüben. Von nd. pümpeln = stoßen.

**Pinguin, wandelnder** Nonne.

**Pinke** oder **Pinkepinke** (nordd., md.) Geld. Gleichbedeutend mit → *Penunse* mit Bezug auf jidd. pinka = Geldbüchse und wahrscheinlich aus poln. pieniadze = Geld hervorgegangen.

**Pinkel** »ein feiner Pinkel«, ein eleganter und arroganter Mann. → auch *Pinke* und *pinkeln.*

**pinkeln** urinieren. Vgl. auch nd. Pink = Penis, eigentlich kleiner Finger.

**Pinne** 1. kleiner Nagel, Stift, 2. Lüge. Auch als Verb: »Pinn uns nich wat vor.« **Graf Pinne** ist ein Sinnbild für den Schlemmer.

**Pinscher** »Sie Pinscher!«, beschimpfende Anrede.

**Pinsel** wie → *Pinkel.*

**Pinsel-Heinrich** Spitzname für Heinrich Zille (1858-1929), durch dessen kritisch-satirische Bilder das

»Milljöh« zeichnerisch und fotografisch dargestellt wurde.

**Pinselschwinger** Maler.

**Pinte** Kneipe. Von lat. pincta = Gemaltes, wohl das gemalte Eichzeichen. Ursprünglich Flüssigkeitsmaß, später dann Wirtshauszeichen.

**Pionöse** (ostberl.) spöttisch für Pionierleiterin. Aus ›Pionierin‹ und ›Baletteuse‹.

**Pip(p)ifax** »Is doch allet Pippifax.«, alles Quatsch. Ferner in der Bedeutung für kleiner Junge.

**pirseln** 1. urinieren und 2. eine Tätigkeit langsam (tröpfelnd!?) tun.

**Pißkiste** Kinderwagen.

**Pißnelke** Schimpfwort.

**Pißtopf** Nachttopf.

**Pladautz** lautmalerische Bezeichnung für das durch das Fallen eines Gegenstandes hervorgebrachte Geräusch. Bereits im 19. Jh. vermerkt. »Pladautz, da flog er hin.«

**pladdern** stark regnen. Von nd. pladdern, pleddern = plätschern, in Strömen regnen.

**Plansch** Regen, Nässe.

**plärren** (frz. pleurer, nd. blarren) weinen, schreien.
**Plärrliese** weinendes Kind.

**Plastenerz** (ostberl.) Regenmantel.

**Plastepanzer** (ostberl.) Auto der Marke Trabant. → auch *Asphaltblase*.

**Plastikschüssel** (ostberl.) wie → *Plastepanzer*.

**Platschpampe** Schneematsch. Aus lautmalend platsch und → *Pampe*.

**platt** verblüfft.«Da biste platt, wa?«, da staunst du?

**Platze** »Da kann man sich ja die Platze ärgern!«, sich ärgern, bis man platzt. Rückbildung zu platzen = vor Wut, Zorn außer sich geraten.

**Plau(t)ze** (sorb. pluca = Lunge) Bauch. »Sich die Plauze vollhau'n« meint viel essen.

**Pleite** (jidd. plejte = Flucht, Rettung) Bankrott.

**Plempe** 1. dünne Suppe, 2. Revolver und 3. Polizei.

**plemplem** verrückt, irre.

**Plerre** auch **Plörre** 1. dünner Kaffee. 2. Allgemein für gehaltlose Flüssigkeiten.

**Pli** (frz.) eigentlich Falte, hat die Bedeutung von Gewandtheit, Mutterwitz. Vgl. frz. prendre un pli = eine Gewohnheit annehmen.

**plieren** (nordd.) schielen. **Plieroogen**.

**plinsen** früher blinzeln, heute weinen.

**plötrich** (frz. pleutre = Lump) kümmerlich, schäbig.

**plümerant** → *blümerant*.

**Plumpe** früher für Straßen-, Schwengelbrunnen. Bezeichnet den Stadtteil Gesundbrunnen im Bezirk Wedding.

**plundrig** schäbig.

**Plutz uff'n Plutz** plötzlich, unerwartet.

**Pocke** (nd. Blatter, Pustel) Fußball.

**Pöker** Gesäß.

**Pojatz** Faxenmacher, man denke an Bajazzo.

**Polenshop** (ostberl.) für das ehemalige Warenhaus Centrum am →*Alex*.

**Polente** Polizei.

**Polier** nicht nur Maurerpolier, sondern auch (frz. parler = sprechen) Sprecher.

**Politunten-Express** Polizeiwagen mit Politessen.

**polken** Verwickeltes mit den Fingern hervorholen.

**Polterkopp** gereizter, lauter Mensch.

**Polyp** Polizist.

**pomade, pomadig** (pol. pomal) langsam.

**Pomadenhengst** im 19. Jh. für Stutzer. Heute wie umgs. Pomadenbengel.

**Pomperbüdel** Stoffhandtasche. Anlehnung an Pompadour = Euter; formähnlich mit der beutelförmigen Damenhandtasche.

**Pomuchelskopp** Dickkopf.

**Popelfahne** Taschentuch.

**Popeline** kleines Mädchen, das in der Nase bohrt. Von frz. popeline = festes Gewand aus Garnen; nicht frz. ausgesprochen.

**poplig** armselig, sehr klein. »Wat is'n dit für'n poplijet Auto?«

**Popo** (ostberl.) Politische Polizei.

**Portierzwiebel** kleiner Haarknoten, wie er früher von Portierfrauen getragen wurde.

**Portjeesche** Hauswartsfrau.

**Portjuchhe** Portemonnaie. Aus frz. ›portemonaie‹ und umgs. ›juchhe‹.

**Porzellanpuppe** junges, hübsches Mädchen.

**Posen** (nordd.) Federn. »Inne Posen jeh'n.«, ins Bett gehen. Von Pose = Federkiel, Schreibfeder, Bettfeder.

**Posemuckel** 1. abgelegenes Dorf oder Kleinstadt. Geht zurück auf den Namen eines kleinen Dorfes im Kreis Bomst (Posen) Ende des 19. Jhs. 2. kleines Kind.

**Pote** (nd.) Pfote, Hand.

**Potsdamer** nach Trachsel (1873) ein beschränkter Mensch.

**Potsdorf** Potsdam.

**pover** gesprochen mit einem w, (frz. pauvre) arm.

**Prä** Vorrecht.

**Prachtschinken** für → *Bulette.*

**Pranken** große Hände.

**prahtschen** prahlerisch auftreten.

**präpeln** essen. »vor sich hinpräpeln«, etwas vor sich hintun.

**Päsentierteller** »Ick sitz hier wie uff'm Präsentierteller.«, allen Blicken preisgegeben. Wer Gästen vorgestellt wird, wird »uff'm Präsentierteller jereicht«.

**preschen** rennen, eilen. Entstanden aus pirschen = jagen.

**Presley-Verschnitt** (jgdsprl.) Möchtegern-Elvis.

**Prenzelberg** (ostberl.) für den Bezirk Prenzlauer Berg.

**priemen** langsam arbeiten. Von nd. Priem = Pfriem, Ahle.

**Primeltopp** einfältiger Mensch.

**Pröppke** »wie Pröppke« dasitzen, behaglich sitzen.

**Proletarier-Eisbein** Rollmops. → auch *Eisbein*.

**Proletenbagger** Paternosteraufzug.

**Proli** (jgdsprl.) Prolet, abfällig für jeden Durchschnittsbürger.

**Propeller** 1. Kragenfliege, 2. Ohren.

**Proppen** Propfen. Wer »uff'n Proppen sitzt«, ist in Verlegenheit.

**Prothese** »Du brauchst ja nich deine Prothese zu fletschen!«, du brauchst nicht zu lachen.

**Protz** Angeber. Übertragung von Protu, Brotz = Kröte; sich aufblasen wir ein Frosch. Tritt in zahlreichen Zusammensetzungen auf, z. B.. **Muskelprotz** oder **Geldprotz**.

**Protzkeule** (ostberl.) Fernsehturm in Berlin-Mitte.

**Publikus** (Pl. Publikümer) Publikum; maskuline Form von lat. publicum.

**Puckel** Buckel, Rücken. »Sie könn' ma 'n Puckel runterrutschen.« »Lieber 'n Bauch vom Saufen als 'n Puckel vom Arbeeten.«

**puckeln, sich** etwas Schweres tragen, sich abmühen.

**puckern** rhythmisches Klopfen. »Et puckert und muckert.«, etwas, das sich in regelmäßigen Abständen bemerkbar macht und ausbrechen will, z. B.. Kopfschmerzen.

**puffern** tanzen. »Wir jeh'n heut puffern.«

**pulen** herumfingern.

**Pulle** (lat. ampulla) Flasche. »'ne Pulle eindreh'n«, eine Flasche Schnaps trinken.

**pullern** oder **pullo pullo machen** 1. urinieren und 2. stark regnen.

**Pupe** 1. früher für den Wächter im Park, 2. für einen Homosexuellen und 3. für ein abgestandenes Bier.

**pupen** prahlen. Wer »aus der Schnauze pupt«, der stößt auf.

**puplau** lauwarm.

**Puppenlappen** Stofflappen und Flicken zum Spielen. »Dir hau ick zu Puppenlappen!«, jem. schlagen, daß seine Kleidung in Fetzen hängt. Wer »zu Puppenlappen friert«, der zittert vor Kälte.

**Puschel** fixe Idee, merkwürdige Angewohnheit.

**Puseratze** Geld. »Ick hab keene Puseratze mehr.«, von etwas nichts mehr haben. Mit Bezug auf Ratz = Siebenschläfer oder frz. raté = das Versagen.

**Pussel** nettes Mädchen, kleines Wesen. Vielleicht von pussen = küssen oder Puß = Katze.

**Pusselfritze** jemand, der sich mit Kleinigkeiten abgibt.

**pusseln** sich mit Kleinigkeiten beschäftigen. Nd. und ostd. Nebenform von ›bosseln‹.

**Pusteblume** Dolde des Löwenzahn.

**Pustekuchen** im Sinne von *denkste*, starke Verneinung, Ausdruck der Ablehnung.

**Pusterohr** Blasrohr.

**Puteljе** (frz. bouteille) Flasche.

**Putenjunker** im 19. Jh. für einen jungen adligen Offizier vom Lande, der noch wenig Stadtschliff besaß.

**Putenrennen** 1. Damenwahl beim Tanz. 2. (ostberl.) Frauentagsfeier.

**Puttputt** Geld. Leitet sich ab von der Fingerbewegung beim Locken der ›Putthühner‹, die der Fingerbewegung beim Geldzählen gleich ist.

## Q

**q.m.w.** »quatsch ma weiter«. Aufforderung, weiterzureden, auch insbesondere dann, wenn man auf die Rede keinen Wert legt.

**quabbelig** (nd.) schwabbelig.

**quackeln** tratschen, schwatzen. Verkleinerungsform von ›quaken‹, → auch *quatschen.*

**Quadder** Unsinn, leeres Geschwätz. Als Verb schwatzen, Nebenform zu → *quackeln.*

**quade** klein. Von nd. quade = jüngstes Kind in der Familie.

**Quadratarsch** ungeschickter Mensch.

**Quadratlatschen** große, ungeschlachte Füße.

**Quadratschnauze** Person »mit 'ner großen Klappe.«

**quängeln** nörgeln. Ein Nörgler ist ein Quengelkopp.

**Quak(e)** Kind. Abgeleitet von quaken, → *quackeln* = schwätzen.

**Qualmtüte** 1. starker Raucher. 2. Schwätzer.

**Quanten** Füße oder auch Schuhe. Hängt vermutlich zusammen mit Quantum, von lat. quantus = groß.

**Quarre** Kind. Substantivierung von → *quarren.*

**quarren** schreien (von Kindern). Von mnd. quarren = grollende, brummende Töne ausstoßen, zunächst für die Lautäußerungen des Forsches belegt.

**quasseln** (nd. quasseln, dwasseln = plappern, schwatzen) reden wie ein Wasserfall, also ununterbrochen → *quatschen.* Wer am Telefon quasselt, hängt an der **Quasselstrippe** oder ist eine selbige.

**quatschen** (nd. quat = böse, schlimm) zur Charakterisierung der nd. Sprechenden im 16. Jh., die auch als »Quatländer« bezeichnet wurden **Quatsch reden**, also unverständliches, dummes, albernes Zeug, Unsinn reden. Heute allgemein für viel, ununterbrochen reden. Ein **Quatschkopf** ist ein Mensch, der ungereimtes Zeug spricht. »Dit is ja Quatsch mit Soße.«, völliger Blödsinn.

**quatschnaß** patschnaß, völlig durchnäßt.

**Quengelfritze** nörgelndes Kind. Von umgs. quengeln = weinerlich Mißbehagen äußern. Auch **Quengelkopp**.

**Quese** Blase unter der Haut. **Quesenkopp** wie → *Quatschkopf*. Von nd. quessen = quetschen.

**Quetsche** 1. kleiner Laden und 2. ein Kofferradio. Vgl. engl. squeeze-box.

**Quetschkommode** Ziehharmonika. →auch *Knautschkommode*.

**quimen** kränkeln.

**Quirl** im 19. Jh. für einen kleinen Menschen, der sich beim Gehen hin und her bewegt. Heute für einen voller Energien überschäumenden Menschen. Die Aufforderung »Nimm den Quirl aus'm Mund!« meint: sprich nicht so geschwollen, so pathetisch.

**qurksen** ein gluckerndes Geräusch von sich geben.

R

**Rabatz** Krach, Unruhe. Als Verb rabatzen = herumtoben, Unruhe stiften. Vielleicht von poln. rabac = hauen.

**Rabauke** frecher Junge. Entlehnt auch nl. rabauw = Schurke, Strolch, zusätzlich der nd. Endung -ken.

**Rabenaas** Steigerung zu → *Aas*, das dem Raben als Futter dient. Schimpfwort seit dem 17. Jh.

**Rachenputzer** scharfes Getränk.

**Racker** Schelm, verschmitzte Person. Kind, das gern Schabernack treibt. Gehört zu mnd. racken = den Unflat zusammenfegen. Bereits im Mnd. wird das Substantiv als Schimpfwort benutzt. Geht in der 2. Hälfte des 18. Jhs. in die Literatursprache über und wird nunmehr in abgeschwächter Bedeutung auf Kinder angewandt.

**Rad** »Der hat'n Rad ab.«, der spinnt.

**Radau** Lärm.

**Radaubruder** oder **Radautüte** Streit suchende Person.

**raffitückisch** besonders raffiniert. Veschmelzung aus ›raffiniert‹ und ›(heim)tückisch‹.

**Raffke** oder auch **Raffzahn** Neureicher, jemand, der in kurzer Zeit viel Geld zusammengerafft hat. In Berlin um 1920, vielleicht bereits in der Gründerzeit, gebildete Bezeichnung, die auf mhd. raffen = zupfen, eilig an sich reißen (und nd. -ken) zurückgeht.

**rahmig** betrunken. Man denke an »aus den Rahmen fallen«.

**Rahmkater** schmutzige Person.

**Ralle** Bruder oder Schwester.

**rammdösig** wie → *dösig* mit der Verstärkung ramm, eigentlich »Widder«, später »Raubzug«. Vielleicht mit Bezug auf die Vorstellung, daß Schafe lange Zeit reglos dastehen und »vor sich hindösen«.

**Rammröhre** im 19. Jh. für Zylinderhut.

**ramponieren** beschädigen.

**Rand** »Halt den Rand!«, halt den Mund!

**Randalle** Lärm. Jgdsprl. »Randale machen«, Zoff anfangen. Stud. zusammengezogen aus Rant, Rand = lärmender Spaß und Skandal.

**Range** ungebändiges, freches, unerzogenes Kind. Im Frühneuhd. bezeichnet R. eine Sau, ein Mutterschwein. Seit Ende des 15. Jhs. als Schimpfwort, später abgeschwächt.

**rangehen** »Da jeh ick nich ran!«, da traue ich mich nicht ran. Wer »janz schön ranjeht«, der nähert sich stürmisch einer Frau.

**ranklotzen** forsch → *rangehen*, intensiv arbeiten.

**rantzen** schnell und wild tanzen.

**Rasselbande** Kinder.

**Ratten** (ostberl.) Bezeichnung für die als besonders brutal geltenden Schlägertrupps unter den Anhängern des BFC.

**Rauchschwalbe** schmutzige Person.

**ratzekahl** entweder von frz. radical oder von »kahl wie ne geborene Ratte«. Etwas »ratzekahl aufessen«, wie von Ratten mit Stumpf und Stil auffressen. David Kalisch schreibt in der Berliner Posse »Einhunderttausend Taler« (1849) : »Sagt der Berliner Zwickauer zu seinem Kollegen: ›Andere Leute flanieren hin und her, des Morgens sind se konservativ, des Mittags sind se liberal und des Abends sind se ratzekahl!‹«

**Raupen** »Raupen im Kopp haben«, sonderbare Einfälle haben. Aus der Studentensprache des 18. Jhs.

**Raupensammlung** Sammlung. »Die Briefmarke fehlt ma noch in meiner Raupensammlung.«

**rausmachen, sich** größer, schöner, stattlicher werden. »Der Kleene hat sich janz schön rausjemacht.«

**rausreißen** »Dit reiß mich ooch nich mehr raus.«, das hilft, nützt mir auch nichts mehr.

**Reff** »'n ollet Reff«, ist ein altes Weib. Fußt auf nd. rif = Kadaver.

**Regenschirm** »Ick bin jespannt wie'n Rejenschirm.«, also äußerst gespannt.

**Register** »sie sind ja ooch schon 'n ollet Rejister.«, nicht mehr jung.

**Reibach** (jidd. rewach = Zins) Gewinn.

**rein** in der Grundbedeutung von ›herein, hinein‹ wird im Berlinischen rin gesprochen. »Immer rin in't Vergnügen.«

**reinbuttern** in etwas Geld hineinstecken.

**reinknien** sich in eine Sache vertiefen.

**reinriechen** sich oberflächlich bzw. nur kurz informieren.

**reinschliddern** in eine Sache reinrasseln, hereinfallen. Fußt auf nd. schliddern = auf Schnee und Eis dahinrutschen.

**reinschmoken** jem. eine Ohrfeige verpassen.

**reinwürgen** »Wenn de so weitermachst, kriste eene rinjewürgt.«, erhälst du einen Verweis, einen Tadel.

**Reitstall** sehr großes Zimmer.

**remmeln** im 19. Jh. allgemein für einrammen, heute mit deutlicher Anspielung auf den Geschlechtsakt (= rammeln).

**Remmidemmi** lautes Vergnügen, Krach, Durcheinander. »Mach nicht so'n Remmidemmi!« Fußt wahrscheinlich auf der schallnachahmenden Bezeichnung ›Rammerdammer‹ für den Steinmetz.

**rendlich** reinlich.

**Renne** 1. Rinnstein, 2. Dachrinne.

**Rennsemmeln** Hausschuhe.

**Rentnerkarren** auch **Rentnerporsche** Einkaufswagen, der aus einem fahrbaren Gestell und einer Tasche besteht. → auch *AOK-Chopper*.

**Resedatopf** im 19. Jh. für Zylinderhut.

**Retourkutsche** Erwidern eines Vorwurfs. »Dit war 'ne Retourkutsche.«, eine schlagfertige Antwort. Leitet sich ab von der für die Hin- und Rückfahrt benutzten Kutsche.

**riechen** wenn man etwas merkt, »riecht man den Braten«, wen man indes »nich riechen kann«, den kann man nicht leiden. Dies wäre allerdings kein Grund, zu ihm zu sagen: »Riech ma an meine Knospe!« und ihm gleichzeitig die Faust unter die Nase zu halten.

**Riecher** Geruchssinn. Wer »den richt'jen Riecher hat«, der hat das richtige Gefühl für eine günstige Gelegenheit gehabt.

**Riechkolben** auch **Riechzinken** (große) Nase.

**Riegelotto** Rigoletto.

**Rieke** 1. Freundin und 2. Kosename für Fredericke und Ulrike.

**Ringelpietz mit Anfassen** Tanzvergnügen. Aus ringeln und slaw. -pie(t)z = singen.

**riskieren** im 19. Jh. für trinken, heute »'ne Lippe riskieren«, frech, unverschämt sein.

**rocken** (jgdsprl., engl. Rock'n Roll) tanzen.

**Rockerwiege** Motorrad.

**Rohr** Flasche. »mit vollem Rohr« etwas tun, es mit aller Kraft tun.

**Röhre** 1. Wärmstelle im Kachelofen und 2. Fernseher. Wer »einen Braten inna Röhre hat«, bekommt ein Kind.

**Rohrspatz** »Er schimpft wie'n Rohrspatz.«

**Rolle** jemanden »durch de Rolle dreh'n«, in die Mangel nehmen. »von der Rolle sein«, fertig, kaputt sein; jemanden »auf die Rolle schieben«, ihn verulken, zum Narren halten.

**rote Socke** (ostberl.) spöttisch für Funktionär.

**Rotunde** Bedürfnisanstalt. Wegen der Form auch Café Karo.

**Rotz** (ahd. (h)roz = Nasenschleim) taucht in vielen Schimpfwörtern auf: **Rotzgöre** ist ein freches Kind, **Graf Rotz** usw. Eine **Rotzbremse** ist ein Schnurrbart, ein **Rotzhobel** eine Mundharmonika, ein **Rotzkocher** eine Pfeife. Eine **Rotzneese** ist eine triefende Nase und bezeichnet auch ein Kind mit einer Schnoddernase. Wer sich **rotzig** verhält, ist frech bzw. unverschämt.

**rubbeln** stark reiben. Von nd. Rubbel = Waschbrett.

**Rübe** 1. Nase, Kopf und 2. Bruder. Eine rote Rübe meint nicht nur eine rote Nase, sondern auch eine → *rote Socke.*

**Rülps** König beim Kartenspiel.

**rujenieren** ruinieren.

**rumboddern** in aufgeweichtem Boden gehen. → *botten.*

**rumflippen** (jgdsprl.) ausgelassen sein, mal hier mal dort sein.

**rumfuchteln** mit einem Stock herumschwingen.

**rumfuhrwerken** »Mußte ma da immer rumfuhrwerken!«, da reinfummeln, mich dabei stören.

**rumfummeln** herumfingern.

**rumhacken** »auf jemanden rumhacken«, ihn fortwährend tadeln.

**rumhampeln** 1. sich ungebärdig bewegen und 2. tanzen. Beeinflußt von Hampelmann.

**rumkrebsen** → *krebsen.*

**rumschweigen** herumsprechen. »Dit hat sich schon rumjeschwiegen.«

**Rummel** allgemein spöttisch für eine Festlichkeit.

**Runzelzulage** Gehaltserhöhung der Beamten.

**ruppig** barsch, schroff.

**Rutsche** kleine Fußbank.

# S

**Sabberliese** 1. tratschende Frau und 2. unsauberes Kind.

**sabbern, sabbeln** dummes Zeug reden. Iterativbildung zu mnd. sabben = geifern, speicheln.

**Sabbermaul** auch Sabberfritze Quatschkopf.

**Sachsengesocks** Schimpfwort für die Sachsen.

**sachte, sachteken** behutsam, ruhig. »Immer sachte mit die jungen Pferde.«

**Sack** wie in vielen anderen Dialekten ein beliebtes Schimpfwort, das in zahlreichen Wendungen vorkommt: »Du oller Sack«, **Sacksülze, Sackgesichte, Saftsack** usw.

**Säcke** »Sach mal, haste Säcke vor de Türe?«, ironische Frage an jemanden, der eine Tür offen läßt.

**saftig** derb. »'n saft'jer Preis« ist ein hoher Preis.

**Saftladen** Bezeichnung für eine miese Kneipe oder einen schlecht geführten Laden. Ursprünglich für eine Apotheke wegen des Verkaufs von Kräutersäften.

**Salat** »Da ham wa den Salat!«, da haben wir die Bescherung.

**Salzketer** → *Salzkuchen*. »-keter« ist die entrundete Form von »Köter«, Hund.

**Salzkuchen** Brötchen aus Roggen- und Weizenmehl, → *Schusterjunge*.

**Salzhase** eingesalzener Hering.

**Sammelsurium** (hd. sammeln und nd. sur = sauer und lat. Endung) Durcheinander, Mischmasch. In Anlehnung zu nd. ›Sammelsur‹, ein aus Speiseresten bestehendes, säuerlich schmeckendes Gericht. Scherzhafte Bildung aus der Studentensprache des 17. Jhs.

**Sankristei** Sakristei.

**Sardellen** Haare. Ursprünglich für spärliche Haarstränen.

**Sargnagel** Zigaretten. Vgl. engl. coffin-nail.

**Satansbraten** 1. für → *Bulette*. 2. frecher Junge, Hallodri.

**Sau** wie in Bayern auch ein beliebtes Schimpfwort: **Saukerl, Sauladen, Saubande, olle Sau,** etc. »Unter aller Sau«, ist unter aller Kritik, wer »wie 'ne jesengte Sau rennt«, der ist in höchster Eile, während jemanden »zur Sau machen« meint, ihn in Grund und Boden zu stampfen.

**sauer** »Dit wird dir sauer uffstoß'n.«, schlecht bekommen. »Dit kannste dir sauer kochen.«, das kannst du für dich behalten. »Uff den bin ick janz schön sauer.«, böse, wütend.

**Sauerkohlstampfer** oder auch **Sauerkohlstampen** dicke, plumpe, Beine.

**Saunickel** schmutziger Mensch.

**Saures** »Jib ihm Saures!«, Aufmunterung bei Prügeleien.

**Sause** »'ne Sause machen«, zechen, einen trinken gehen.

**Schacht** (nordd.) Keile, Prügel.

**Schachtel** »'ne olle Schachtel« ist eine alte und/oder häßliche Frau. Wohl nach frühnhd. schattel = weibliche Scham.

**Schafsscheiße mit Speckkrabben** unschmackhaftes Essen.

**Schale** wer sich »in Schale schmeißt«, der hat sich feingemacht, schick angezogen.

**schalen gehen** Mülltonnen nach verwertbaren Abfällen durchsehen.

**Schallee** Gelee.

**Schamsel** (frz. mamselle) liederlich aussehendes Frauenzimmer.

**Schamster** Freund einer Frau.

**Schandschnauze** freches Mundwerk.

**Schandtat** wer »zu allen Schandtaten bereit ist«, der macht gern alles mit, der ist zu allem bereit.

**schappern** tanzen.

**Schappipuffer** für → *Bulette.*

**scharf** »uff wat scharf sein », auf etwas gierig sein.

**scharmieren** (frz. charmer) liebkosen.

**scharwenzeln** schmeicheln. Vom tschech. Hasardkartenspiel Straschak eingedrungen. Wenzel = bube, von cervey = rot.

**schauderös** schauerlich.

**schauern** scheuern.

**schaukeln** »Wir werd'n dit Kind schon schaukeln.«, die Sache schon machen.

**Schaukelpferd** wer »'n Jemüt wie'n Schaukelpferd hat«, der ist gutmütig.

**Schaute** (jidd. schoteh = Narr) im 19. Jh. eine Vogelscheuche, ein häßlicher Mensch; heute für einen charakterlosen Menschen.

**scheckig** »sich scheckig lachen«, sich krumm lachen.

**Scheese** 1. (frz. port-chaise = Sänfte) schlechtes Auto und 2. Kinderwagen. Schesen schnell laufen, jagen, vielleicht von engl. to chase. → auch *Cheese*.

**Scheibenkleister** Umschreibung für Scheiße. »So'n Scheibenkleister!«, Ausruf der Verärgerung.

**Scheich Ahmed** reicher Mann.

**Schein** 100-Mark-Schein. Eine **halber Schein** ist ein 50-Mark-Schein.

**Scheiß** (mask.) »So'n Scheiß!«, so ein Mist. Entstanden aus hd. Femininum »die Scheiße« und der nd. maskulinen Form »der Schiet«. Produktiv in vielen Zusammensetzungen, z. B.. **Scheißangst**, **Scheißtyp, Scheißarsch**, u.s.w.

**Scheiße mit Reis** unschmackhaftes Essen.

**Scheißständer** Beine.

**scherbeln** veraltet für tanzen.

**scheuern** 1. tanzen, feiern und 2. jemanden ohrfeigen. »Ick scheuer dir gleich 'n paar!«

**Scheuerratte** Mädchen, das ständig tanzen geht, also eine ›Tanzmaus‹ ist.

**Scheunendrescher** »essen wie'n Scheunendrescher«, viel essen.

**schick** sehr gut, wie → *dufte*.

**schicker** (jidd.) betrunken.

**Schickse** verächtlich für eine junge Frau. Von jidd. schekez = Gaul; ursprünglich bezogen auf christliche Frauen, die mit einem jüdischen Mann befreundet waren.

**schieben** gehen, machen. »Schieb ab!«, hau ab.

**Schieleisen** Brille.

**schiel** schielend.

**Schiepchen** Freund.

**Schiepel** im 19. Jh. alter Hut.

**schikanös** schikanierend.

**Schillebold** Libelle.

**Schimpfe** Schelte. »Mutter, jibt's Schimpfe, wenn ick zu spät komme?«

**Schimmer** Ahnung. »Der hat ja keen' Schimmer!«

**Schippe** Schaufel. Jemanden »uff de Schippe nehm'n«, ihn veralbern. »'ne Schippe ziehen«, den Mund verziehen als Ausdruck des Gekränktseins.

**schiskojenno** (poln.) gleichgültig, egal.

**Schißlaweng** → *Cislaweng*.

**Schlaaks** hochgeschossener, meist ungeschickter Mensch. Von nd. slak = nachlässig, träge.

**Schlabbertutti** oder **Schlabbertutsch** süße, weichliche Speisen.

**Schlaffi** (jgdsprl.) schlapper Typ.

**Schlafittchen** jemanden »bei't Schlafittchen kriejen«, ihn (am Rockkragen) festhalten, ihn packen, meist mit der Absicht, ihm die Leviten zu lesen.

**schlagen** »Da schlag einer lang hin!«, Ausruf des Erstaunens.

**Schlamassel** (jidd. masol = Glück), verfahrene, schwierige Situation. Wie → *Bredullje*. »Da ham wa wieder den Schlamassel!«

**Schlammschieter** bzw. **Schlammscheißer** Schimpfwort auf eine Person. → *Scheiß*.

**Schlampampe** (mnd. slampampen) 1. unordentliche, nachlässige Frau. 2. Unordentlichkeit.

**Schlangenfraß** schlechtes Essen.

**Schlapper** »Jib ma mal de Schlapper rüber.«, die Hausschuhe. Nordd. ›Schlappen‹, von nd. slappen = hängen lassen.

**Schlappschwanz** Schwächling. Abgeleitet von »schlaffer Schwanz«, nicht erigierter Penis.

**Schlauch** wer »auf dem Schlauch steht«, ist völlig erschöpft oder pleite.

**schleierhaft** rätselhaft.

**Schleimscheißer** Kriecher, Schmeichler.

**Schlenki** (ostberl.) für den Bus der Öffentlichen Verkehrsbetriebe, der aus zwei durch ein Gelenk verbundene Wagen besteht.

**Schlesinger** Schlesier.

**Schlidderbahn** Rodelbahn.

**schliepig** wässrig in bezug auf Kartoffeln.

**Schlimme Oogenwurst** Fleischwurst.

**Schlitten** 1. Motorrad und 2. großes Auto. 3. Als Drohung: »Mit dem wer' ick Schlitten fahr'n!«

**Schlodderpamps** weiche Masse. Aus nd. sluddern = schlottern und Pamps (nd. pamps) = Brei. → auch *Pampe*.

**Schlorndorf** Berlin-Charlottenburg.

**Schlorren** (nordd., ostpr.) Hausschuhe.

**Schlössertöle** »Er heult wie 'ne Schlössertöle.«, wie ein Schloßhund, also ununterbrochen und heftig.

**Schluckspecht** jemand, der viel trinkt bzw. viel trinken kann.

**Schlummerorgel** Radio.

**Schlummerkopp** Mensch ohne Energie.

**Schlummerrolle** Geliebte, Freundin.

**Schlumpe** (nordd.) Schlampe. Von schlumpen = schlaff herabhängen, Nebenform zu ›schlampen‹.

**Schlung** Schlund.

**Schlunze** wie → *Schlumpe*.

**Schmalzamor** verliebter dicker Mann.

**Schmalzlerche** Pfannkuchen.

**Schmalzstulle** »Immer rüber mit de Schmalzstullen.«, immer her mit dem Geld. → auch *Stulle*.

**Schmalzstullentheater** billiges Boulevardtheater.

**Schmatzipuffer** Liebling.

**schmeißen** 1. werfen, geben. »Schmeiß ma mal de Kassette rüber.« 2. starten, anzünden. »Schmeiß mal den Ofen/Wagen an.«

**schmettern** trinken.

**Schmierage** Geschmiere.

**Schmook** im 19. Jh. für eine verbotene Übersetzung. Vgl. engl. ›smoke‹ und ›smog‹.

**Schmu** (rotwelsch schmuh = Profit, Gewinn) »Schmu machen«, betrügen.

**schmuddelig** (nd. smuddelig) schmutzig.

**schmulen** 1. verstohlen blicken. 2. in der Schule abgucken.

**schmurgeln** brutzeln, braten.

**schnabbelieren** mit Behagen speisen, schnabulieren.

**schnabbern** viel sprechen, wie → *quasseln*. So auch **Schnabberliese**.

**Schnabus** Schnaps.

**schnafte** ausgezeichnet, sehr gut.

**Schnalle** 1. Bruder, 2. Freundin und 3. Kumpel.

**schnallen** verstehen. »Inner Schule hab ick heut wieder ja nischt jeschnallt.«

**Schnäpperken** ein Glas Schnaps. Von schnäppern = ein Glas Schnaps trinken. Substantivierung durch die nd. Endung -ken.

**Schnapsdrossel** Trunkenbold. Dem Namen der Wacholderdrossel nachgeahmt.

**schnarzig** besonders gut.

**schnasseln** (jidd. schasjenen) trinken.

**Schnauze** wie in anderen Dialekten auch ein häufig benutztes Schimpfwort. »Ick polier' dir gleich de Schnauze!« Eine **frisierte Schnauze** bezeichnet eine gewollt vornehme Sprechweise.

**Schnauzenschaber** oder auch **Schnauzenschinder** Herrenfriseur.

**Schneemann** Verkehrspolizist.

**schneen** schneien.

**Schneiderkarpfen** ironisch für Hering. Was dem Reichen der Karpfen, ist dem armen Schneider der Hering.

**Schnelle** »uff de Schnelle«, schnell.

**Schneppe** Schnepfe, Hure.

**schnieke** (nd. snigger, snicker = munter, hübsch, zierlich) fein, elegant, schmuck, schneidig; überhaupt Ausdruck des Wohlgefallens.

**Schniepel** 1. Frack, inbesondere im 19. Jh., und 2. für den Penis eines kleinen Jungen. Von nd. sniepeln = abschneiden.

**schnippern** mit der Schere schneiden, schnippeln.

**Schnittloch** Schnittlauch. → auch *Knobloch*.

**schnobbern** schlummern.

**schnoddrig** (nd. snodder = Nasenschleim) frech, vorlaut. Bezeichnet jemanden, dem es noch gar nicht zukommt, mitzureden; der noch so jung ist, daß ihm der Nasenschleim aus der Nase läuft. Nd. ene snoddrige Näse = eine Nase voller Schleim.

**Schnodderschnauze** vorlautes Mundwerk.

**schnorren** betteln, bei jemanden auf geschickte Art und Weise etwas abstauben.

**Schnösel** sich vornehm gebender Mann bzw. vorlauter Junge. Abgeleitet von Schnodder, → *schnoddrig*.

**schnudd(e)lig** nett, liebenswert. Gehört zu → *Schnute* und ist parallel zu → *schnoddrig*.

**schnulle** wie → *schnuddlig* und davon abgeleitet.

**schnuppe** gleichgültig, egal, einerlei. »Dit is' ma schnuppe!« Von Berlin aus in der 2. Hälfte des 19. Jhs. verbreitet und heute umgs.

**schnurz** wie → *schnuppe*. »Dit is ma schnurz und piepe.«, das ist völlig gleichgültig. Abgeleitet von nordd. Snart, Snurt = Furz.

**Schnute** Mund. »'ne Schnute ziehen«, schmollen. Nd. Entsprechung zu hd. ›Schnauze.‹

**schocken** bezahlen. Von jidd. schuck = Mark, Geldstück.

**schoflig** (jidd. schophol = niedrig, schlecht) gemein.

**Scholli** (vielleicht frz. joli = niedlich) »Mein lieber Scholli!«, Drohung, insbesondere von Eltern gegenüber ihren Kindern.

**Schorftörtchen** → *Bulette*.

**Schornsteinfegerhelm** im 19. Jh. für Zylinder.

**Schote** 1. Ohrfeige und 2. eine außergewöhnliche, meist nicht ganz korrekte Situation. »'ne Schote abzieh'n«, etwas tun, was nicht ganz korrekt ist.

**Schotterlotte** betuchte Freundin. Fußt auf umgs. Schotter = Geld, analog zu → *Kies*.

**schräg** jemanden »schräg ankieken«, schief angucken.

**Schreckschraube** »'ne olle Schreckschraube« bezeichnet eine meckernde Frau oder eine alte Jungfer.

**Schreibebrief** offizieller Brief.

**Schreiberholz** Bleistift.

**Schreifritz** Freischütz.

**Schrippe** Berliner Brötchenspezialität. Während eine **verzauberte oder gebratene Schrippe** die → *Bulette* ebenso bezeichnet wie **Schrippe im eigenen Saft,** bezieht sich »'ne olle Schrippe« mitunter auf eine Frau. Vgl. frühneuhd. ›schripfen‹.

**Schrippenarchitekt** Bäcker.

**Schrippenpuffer** für → *Bulette.*

**Schrulle** alte Frau.

**schrumplig** runzlig. Von schrumpeln, nd. und md. Variante zu schrumpfen.

**schubbern** 1. reiben, scheuern, 2. tanzen und 3. arbeiten. Von schubben, nd. und md. Varianten zu hd. ›schieben‹.

**Schubjack** Geizhals. Vgl. nl. schobbejak, nordd. Schubb(e)jack; aus nd. schobben = kratzen und die verküzte Nebenform Jack aus Jacob.

**schuchteln** tanzen oder auch einen Einkaufsbummel machen.

**Schudder** Schauder.

**Schüttelroste** »uff de Schüttelroste gehen«, tanzen gehen.

**Schuhsohlen putzen** tanzen gehen.

**Schumm** (jidd. schemen = Fett) Rausch. Der Anfangslaut wird in der Regel gesprochen wie frz. ›j‹ in jardin. Von daher findet sich wohl auch die Aussprache Jum, mit deutschem ›j‹.

**Schuß** »Dit war'n Schuß in die Hose.«, das war nicht gelungen. Wer »'nen Schuß weg hat«, der ist nicht ganz richtig im Kopf.

**schusselig** (omd.) fahrig.

**Schusterjunge** Roggenmehlbrötchen. »Es regnet Schusterjungen.«, sehr stark.

**Schusterpunsch** normaler Kaffee.

**schwach** »Du bist wohl momentan schwach uff de Brust.«, hast wohl kein Geld mehr.

**Schwadilje** früher für alte Jungfer.

**Schwangere Auster** Spitzname für die Berliner Kongreßhalle.

**schwarz** »warten, bis de schwarz wirst«, lange warten.

**Schwefel** Streichholz.

**Schwein** Schimpfwort. »Ick gloob mein Schwein feift!«, ich glaube, ich spinne. (Ausruf des Erstaunens)

**Schweinebacke** oder auch **Schweinepriester** Schimpfwort für eine Person.

**Schweinezucht** große Unordnung.

**Schwelle** Schwester.

**Schwenzelpfennige** heimlich gespartes Wirtschaftsgeld.

**schwer schief geladen** stark betrunken.

**Schwiegerpaul** Schwiegervater.

**schwiemlig** schwindlig. Von → *schwiemeln*.

**schwiemeln** ein liederliches Leben führen. Von nd. swimen = schweben.

**schwierige Geburt** »Dit war 'ne schwierige Geburt.«, eine nicht einfach zu bewerkstelligende Sache.

**Schwindeljule** Bezeichnung für ein kleines Mädchen.

**Schwindelpost** Als »Schwindelpost« bezeichnete man im Jahre 1870 die zahlreichen Extrablätter, die den Verlauf des Krieges nicht gerade wahrheitsgemäß berichteten.

**schwoofen** tanzen. »uff'n Schwoof gehen« heute für tanzen gehen, im 19. Jh. auf einen öffentlichen Ball gehen. Von omd. Schwof = Dorftanz, was an mhd. sweif = schwingende Bewegung anknüpft.

**Schwuchtel** Tunte, feminin wirkender Homosexueller.

**schwuchteln gehen** tanzen gehen. Zu mundartlich schwuchten = schwanken, schaukeln.

**Schwulitäten** »in Schwulitäten geraten«, in Schwierigkeiten kommen. Fußt auf nd. swul = drückend, ängstlich, beklommen.

**Schwupper** Fehler, Versehen. Von umgs. Schwupp = kleine herausschwappende Menge.

**Sechser** 5-Pfennig-Stück. Leitet sich ab von einer Münze, die früher sechs Pfenige wert hatte.

**SED** (ostberl.) Selten etwas dran.

**Seechbomme** Nachttopf.

**Seelenziepen** Liebeskummer. → *ziepen*.

**Seifensieder** »Mir jeht'n Seifensieder uff.«, mir geht ein Licht auf. Seifensieder = Kerze.

**Selbstgestrickter** ein langhaariger Hund.

**selbstgewachsen** »Die Blume is selbstjewachsen.«, sagt man, um ihre Qualität hervorzuheben.

**selten** ungewöhnlich.

**Semmeltörtchen** für → *Bulette*.

**Senfschnuller** Bockwurst.

**Senge** Schläge, eine Tracht Prügel.

**Senkel** Schnürsenkel. »nich alle uff'n Senkel ham« = verrückt sein.

**Senkelhalter** Schuhe.

**senkrecht** aufrecht.

**Sesselpuper** Beamte(r).

**setzen** »Es setzt gleich Keile!«, es gibt gleich Prügel.

**Siebenklepper** Kind.

**Siebenköpfige Raupe** »essen wie eine siebenköpfige Raupe«, viel essen.

**Sieke** Musik. Abkürzung aus dem Liedvers »In Rixdorf is Musike...«

**simelieren** nachsinnen.

**Singepedemie** Singakademie.

**sittlich** »Dit hat keenen sittlichen Wert.«, das nützt nichts.

**Sitzkissen** türkisches Fladenbrot.

**Sitzung haben** »'ne Sitzung haben«, zur Toilette gehen.

**Snob** (engl. snob) feiner Herr.

**Socken** wer »vonne Socken is«, der ist überrascht, vielleicht so stark, daß er wegrennt, »daß de Socken qualm'n.« Als Beleidigung: »Du mieser Eimer Socken!« Siehe auch → *rote Socke.*

**Soff** Getränk, Gesöff.

**Sohle** »'ne Sohle uff't Parkett lejen«, »'ne kesse Sohle dreh'n«, tanzen.

**Sohlen** Schuhe.

**Sohnemann** freundliche Anrede für »mein Sohn«.

**Soße** »Is allet eene Soße.«, ist alles dasselbe.

**spachteln** auch **einspachteln** viel und mit Genuß essen.

**spack** (nd. = ausgedörrt, ausgetrocknet) schmal, elend, dünn.

**Spaghettis** 1. Italiener und 2. Haare.

**Span** »Mach ma keene Späne!«, mach kein Theater, zier dich nicht so.

**Spekuliereisen** Brille.

**Sperenzken** zögernde Einwände, Umstände. Von lat. sperantia = Hoffnung und nd. -ken in Analogie zu umgs. Sperenzchen und nd., md. Speranzen.

**Spickaal** »Nu sagen se bloß noch Spickaal, dann hau ick Ihnen eene runter.«, Antwort auf eine Aufzählung leckerer Speisen, mit denen einem der Mund wässrig gemacht wird. Albert Hopf gibt dem Helden in seinem Stück »Spickaal als Beherrscher der Mosquito-Küste und die Emancipierten unter den Wilden« (1846) denselbigen Namen. Nd. Spikkaal = geräucherter Aal, mnd. spikherinc = getrockneter Hering.

**spillerig** dürr, dünn, hoch aufgeschossen.

**spinös** schwierig, spitzzüngig.

**Spinne mit Ei** Spinat mit Ei.

**spitz** 1. krank und 2. geil.

**Spohn** Span.

**Spree-Athen** Beiname für Berlin.

**Spreewasser** »wer mit Spreewasser jetauft is«, der ist ein »echter« Berliner.

**springen lassen** »Läßte wat springen?«, spendierst du was?

**Spritschleuder** U.S.-Auto.

**Spucke** wem »die Spucke wegbleibt«, der ist sprachlos.

**Spuk** »Endlich is der janze Spuk vorbei.«, ist die unangenehme Sache vorbei.

**spulerig** dünn, mager. Von rotw. spulen = essen.

**Sputnick** (ostberl.) Bezeichnung für die Vorortzüge auf dem Berliner Außenring. Ein **kleiner Sputnick** ist ein neuer Erdenbürger und »'ne Molle und een Sputnick« meint ein Bier und einen Schnaps.

**Stampe** (frz. estaminet) Kneipe.

**Stamper** Beine. Fußt auf stampfen.

**Stänkerfritze** zänkischer Mensch.

**statiös** stattlich.

**steckerig** holzig. Fußt auf mhd., mnl. stecke = Pfahl. Als Verb steckern = herumstochern.

**Steckerling** Stichling.

**steif** »Den laß ick am steifen Arm verhungern.«, der soll sich vorsehen.

**steiler Zahn** hübsches Mädchen.

**Steintal** (ostberl.) für das Nebengebiet Marzahn.

**Stellage** Gestell.

**Stelzen** Beine.

**Stemmzeug** Messer und Gabel.

**Steppke** kesser, kleiner Junge. Fußt entweder auf der nd. Verkleinerungsbildung zu hd. Stopf, Stopfen = Korken oder auf der nd. Form zu hd. Stiftchen = Knabenpenis.

**stibitzen** stehlen. Vielleicht Einfluß von nd. stippen = sich eine Sache aneignen und mundartlich st(r)iezen = stehlen.

**Stiebel** Stiefel.

**stiek** langsam.

**stieke** ruhig, still.

**Stiesel** unhöflicher Mensch.

**stiller Portier** Tafel im Hausflur mit den Namen der Mieter.

**Stimmungsgemüse** Blumen.

**Stinkadores** schlechte, stinkende Zigarren.

**Stinkstiebel** Schimpfwort auf eine Person.

**stippen** (nordd.) eintunken. Nebenform zu steppen = nähen.

**Stippi** kleiner Junge.

**Stoffel** früher für einen groben, derben, beschränkten Menschen, heute allgemein für einen schweigsamen, nicht kommunikativen Menschen.

**Stoppelhopser** im 19. Jh. für den Soldaten bei der Infanterie.

**Storch** »Na, nu brat mir eener 'n Storch.«, Ausdruck der Verwunderung.

**Stoß** »Der hat'n Stoß jehabt bei de Weiber.«, der hat Erfolg gehabt. Deutliche sexuelle Anspielung.

**stoßen** jemanden »aus'm Anzug stoßen«, verprügeln.

**stramm** 1. straff, 2. fest, ungeniert und 3. gehaltvoll. Wer »stramm inner Weste is'«, der ist beleibt. Ein strammer Grog ist ein starker, gehaltvoller Grog. Wer »stramm uff de Achtzig zujeht«, steht kurz vor der Vollendung des 80. Lebensjahres.

**Stremel** Gewohnheit. »Er jeht immer nach seinem alten Stremel.« Nach Stremel = kleines Wegstück, von nd. Striemen = Streifen.

**stremplich** (in irgendeiner Weise) nicht in Ordnung.

**Stretsch** Streß.

**Strich** »Den hab ick uff'n Strich.«, auf den habe ich eine Wut. Wer »uff'n Strich jeht«, der prostituiert sich. »Den hab ick nach Strich und Faden verbleut!«

**Strick** übermütiges, ungezogenes Kind. Verkürzung aus Galgenstrick.

**striezen** oder auch **stritzen** stehlen.

**Strippe** 1. Bindfaden und 2. Telefon. Im 19. Jh. für den Kümmelbranntwein zum Bier. Obs. Strüppe, von mnd. strippe = Riemen, Schlaufe, Schlinge.

**Strippenzieher** Elektriker.

**Stroh** »Da kommt Stroh druff.«, das ist schon längst vergessen. Wer »Stroh im Kopp hat«, ist dumm.

**Strolch** 1. kleiner Gauner und 2. kleines Kind. Vielleicht von alem. strollen = ziellos umherstreifen.

**Strumpf** »Machen se mal ’nen netten Strumpf draus.«, eine gute Geschichte daraus.

**Strunze** (nordd.) abwertende Bezeichnung für Frau. Von ›stronzen‹, das Intensivum zu ›strotzen‹ ist.

**stuckern** holpernde, polternde Bewegung beim Fahren eines Wagens z. B. über Kopfsteinpflaster.

**stuken** stauchen, verhauen.

**Stubenpisser** Beamter.

**stuken** (nd.) jem. stoßem, stauchen. Auch jem. ein- oder runterstuken = ins Wasser stoßen, untertauchen.

**Stulle** ursprünglich ein kleiner Brotlaib, heute für eine Schnitte Brot. Eine **Klappstulle** bezeichnet zwei aufeinandergelegte Stullen. Die erste Berliner Laubenkolonie bekam den Namen **Trockene Stulle**. Stulle fußt auf nl. stul = Brocken, Stück, Kloß Butter. → *Bemme* und vgl. auch *Stollen*.

**Stumpen** unteres Reststück, insbesondere einer Zigarre. Nd. Form für Stumpf.

**Stumpfbock** ein langweiliger Mensch.

**stundenlang** »Dem könnt’ ick stundenlang inne Fresse hau’n.«, unentwegt, ohne Unterbrechung.

**Stunk** Zank, Unsinn. »Dit jibt Stunk.«, das gibt Ärger. Nebenform zu Stank, vgl. auch stänkern.

**Sturmsäcke** Windbeutel.

**Stuß** (jidd. schtus = Narrheit, Torheit) Unsinn, blödsinniges Zeug.

**Suffkopp** Säufer, Trunkenbold.

**sülzen** nörgeln, maulen, jemandem in den Ohren liegen.

**Sülzneese** Nörgler.

**Sums** viel Aufhebens. »Mach bloß nich so'n Summs dadraus!« Von ›sumsen‹, Intensivum zu summen.

**Superhammer** Knüller.

**Suppenschüsseln** dicke Brillengläser.

**Suppenschmiede** Kantine.

**susig** dumm. Heute meistens → *transusig*.

## T

**Tablettschluse** Serviererin.

**Tacheles** (jidd. tachlis = Endzweck) Tatsachen. »Tacheles reden«, zur Sache kommen.

**Tachtel** Ohrfeige. Jemanden »eine tachteln«, eine runterhauen.

**Tallpatsch** (ung. talpas = breitfüßig) Tollpatsch. Auch als Verb **talpatschen**, ungeschickt handeln.

**talp(s)chen** (nord.) ungeschickt mit den Händen fassen, auch **antalpchen**.

**Tankstelle** Kneipe.

**Tante** 1. Freundin, 2. Dame beim Kartenspiel und 3. Pfandhaus.

**Tante-Emma-Laden** kleines Einzelhandelsgeschäft.

**tapern** ungeschickt handeln. Nebenform zu talpen = schwer auftreten und tappen.

**Tapetenflunder** Wanze.

**tapsen** tappen.

**tapsig** ungeschickt.

**Tatzen** Hände.

**teckelig** krummbeinig. Als Verb ›mit den Fußspitzen einwärts gehen‹.

**Teigaffe** herabsetzende Bezeichnung für Bäcker.

**teilachen** (jidd.) ausreißen, flüchten.

**Telespargel** (ostberl.) Spitzname für den Fernsehturm in Berlin-Mitte.

**Teller bunte Knete** Pizza. (Verweist offensichtlich auch auf die gleichnamige Rockgruppe.)

**Tellermine** für → *Bulette.*

**Tepper** ungeschickter Mensch. »Geschirr zerteppern«, in Scherben schmeißen.

**Teppich** »Bleib'n Se uff'n Teppich.«, regen Sie sich nicht so auf, bleiben Sie ruhig.

**Terke** Türke. In der scherzhaften Äußerung 1872 verzeichnet: »Hat keener kleenen Terken nich gesehen?«

**Tick** »nich sauber ticken«, »'nen Tick unter'm Pony haben«, spinnen, verrückt sein. von frz. tic = fehlerhafte Angewohnheit von Pferden, ungewöhnliche Bewegungen zu machen.

**tigern** »Ick muß schnell nach Hause tigern.«, sich beeilen, um nach Hause zu kommen.

**Tingeltangel** Kennzeichnung der musikalischen Darbietungen von Vergnügungsstätten Anfang der 70er Jahre des vorigen Jahrhunderts. In einer »Berliner Publikümmerlichen Phantasie« heißt es: »Es wird ein Schimmer sich verbreiten, wie noch kein Auge ihn gesehen: Der Spittelkirche Glocken läuten und alle Wasserkünste gehn! Rings tönen Tingel-Tangel-Klänge. Fast glaubt man - wär's nicht gar zu dumm, die Panke röche wen'ger strenge!« Vgl. auch schallnachahmend ›ting tang‹ für den Beckenschlag.

**Tintenpropfen** im 19. Jh. für Zylinderhut.

**Tintenpisser** Schreiberling.

**Tippelschickse** Strichmädchen. → auch *Schickse.*

**Tippelchen** (Tüpfelchen) ganz kleiner Fleck.

**Titkendreher** im 19. Jh. für Tütendreher oder Ladendiener.

**Todesknolle** für → *Bulette.*

**Töle** (nd.) kläffender Hund.

**toll** wunderbar, prima.

**Tomaten** »Du hast wohl Tomaten uff'n Oogen!«, du kannst wohl nicht richtig gucken.

**Ton** »Haste Töne?«, hast du Worte?

**töppern** Geschirr zerbrechen, auch **zertöppern**.

**Tort** (frz. tort) jemanden »einen Tort antun«, ihn kränken, ihm Unannehmlichkeiten bereiten.

**Torte** (jgdsprl.) Freundin, Frau, Partnerin, Geliebte.

**totschick** (frz. tout chic) besonders schick.

**Tour** Masche, Art. »Aber nich uff die Tour.«, nicht auf die Art und Weise.

**Trabbi** (ostberl.) Auto der Marke Trabant.

**Traberpastete** für → *Bulette.*

**Trampelloge** billigster Platz im Theater.

**trampsen** trampeln.

**Tran** wer »im Tran ist«, der ist betrunken, deshalb allerdings nicht unbedingt **transusig**, d.h. langweilig und behäbig. Eine schlecht brennende Lampe wird als **Tranfunzel** bezeichnet.

**Tränentier** Trottel.

**Traute** Mut. Substantiv zu ›sich trauen‹.

**Trecker** »Ick gloob mein Trecker humpelt!«, ich glaube, ich spinne.

**Treppe** »Biste die Treppe runterjefall'n?«, hast du dir die Haare schneiden lassen.

**Tretbretter** Schuhe.

**Treter** Schuhe.

**Tretewar oder auch Trittewar** Trottoir, Bürgersteig.

**Tretmine** 1. Hundekot, der auf dem Bürgersteig liegt. »Achtung, Tretmine!«, paß auf, da liegt Hundekot. 2. für → *Bulette*.

**Triene** einfältiges Mädchen, auch für → *Schwuchtel*.

**Triesel** Kreisel. Wem »trieselig wird«, dem wird schwindelig oder er ist betrunken.

**trie(t)zen** quälen, peinigen, inbesondere bei Prüfungen. Gehört zu nordd. Tritze = Rolle, Winde.

**Trittchen** Schuhe.

**Trittewar** → *Tretewar*.

**trommeln** angeben.

**Trulla** Freundin, Frau, Partnerin, Geliebte, Mädchen. Von trollen = sich schwerfällig bewegen.

**Tschako** (umg.) ursprünglich ironische Bezeichnung für den Polizeihelm, was auf die Kopfbedeckung der preußischen Husare ab 1804 zurückgeht; in den 20er Jahren aber gelegentlich auch heute noch allgemein für Polizist.

**Tube** »uff de Tube drücken«, schnell fahren, aber auch mehr machen, als nötig ist.

**Tucke** abfällig für Frau.

**tuckeln** langsam fahren. Lautnachahmend für das Motorengeräusch. »Kiek mal, da kommt Kutte anjetuckelt!«, kommt Kutte langsam auf den Sprecher zu.

**tücksch** (von tückisch) trotzig, zornig.

**Tülle** (Ausguß der Kanne) abfällig für Frau.

**Türkenkoffer** Plastiktüte.

**Tussi** Frau, Freundin.

**Tüte** 1. mit leicht negativer Komponente für eine Person. 2. »Kommt nich inne Tüte!«, kommt nicht in Frage.

**tuten** 1. trinken und 2. blasen. »Der hat ja von Tuten und Blasen keene Ahnung.«

**Tütenschlund** Mund.

**Tutrian** Trompeter oder Mensch, der angibt.

**tutschen** trinken. Vielleicht von »an der Tutte (Titte) saugen« und parallel zu lutschen und nd. tuschen = saugen.

## U

**U-Bahn-Wurst, mal hell, mal dunkel** Fleischwurst.

**übelnehmsch** empfindlich.

**überlegen** ein Kind übers Knie legen und eine Tracht Prügel verabreichen.

**Übergewicht** Gleichgewicht.

**überziehen** »Dir zieh ick een's über.«, ich gebe dir eine Ohrfeige.

**Ulster-Knöppe** für → *Buletten.*

**umbringen** wer »sich reineweg umbringt« für jemanden, der tut ungeheuer viel für ihn.

**umgekehrt** »Umjekehrt wird'n Schuh draus.«

**umknixen** mit dem Fuß umknicken.

**umpusten** wer aussieht »wie zum Umpusten«, der sieht krank aus.

**unegal** wenn jemand, der ungeschickt ist, etwas tun will: »Laß bloß deine unejalen Finger davon.«

**ungelogen** ganz bestimmt.

**ungeschickt** »Unjeschickt läßt grüßen.«

**Unke, olle** Schwarzseher. Nach dem von den Brüdern Grimm aufgezeichneten Märchen von der Unke.

**Untermieter** Floh.

**Unterseeboot** Bückling.

**unverschämt** heftig, frech, maßlos, dreist.

**üppig** übermütig.

**urst** (ostberl. und jgdsprl.) gleichbedeutend mit ›urisch‹ (umgs. urig). Vermutlich ist ›urst‹ die verkürzte Form des Superlativs ›urigst‹.

## V

**Vampirkiller** Knoblauch.

**Vatermörder** früher für den spitz hochstehenden Hemdkragen.

**Venus von Kilo** Venus von Milo, allgemein für eine dicke Frau.

**veraasen** vergeuden.

**verargen** verdenken, übel nehmen.

**verballern** verhauen.

**verbimsen** verhauen.

**verboten** unmöglich. »Dit sieht ja verboten aus.« Vgl. engl. it looks forbidding.

**verbraten** verschwenden.

**verbrochen** »Wat haste nu wieder verbrochen?«, angestellt.

**verbumfiedeln** verschwenden.

**verbummeln** die Zeit in Müßiggang zubringen.

**verbuttern** vergeuden.

**verdampfen** flüchten, weglaufen.

**verdreht** verrückt, originell.

**verduften** oder auch **verdünnisieren** verschwinden.

**verekeln** widerwärtig machen.

**verfatzen** abhauen, weglaufen. Von ›Fatz‹, Nebenform zu ›Furz‹.

**verfitzen** → *verheddern.*

**verfügen, sich** sich entfernen.

**verhackstücken** verprügeln.

**verheddern** in Unordnung geraten. »Die janze Wolle hat sich verheddert.«

**verheiraten, sich** »Du hast da wohl verheiratet.«, wenn man lange auf jemanden warten muß.

**verhohnepiepeln** verhöhnen, verspotten.

**verkieken, sich** in jem. sich verlieben. → auch *kieken.*

**verklatschen** verleumden.

**verklickern** jemandem etwas beibringen. Nebenform zu ›verkleckern‹.

**verklieren** durch Schmieren verderben.

**verkloppen** 1. verhauen und 2. verkaufen.

**verknautschen** verknüllen.

**verknusematuckeln** »ein Mädchen vernaschen«. Aus umgs. → *verkosematuckeln* und → *verknusen.*

**verknusen** (nd.) vertragen, mögen oder nicht mögen; eigentlich zermalmen, kauen, verdauen.

**verkoddert** schmutzig, abgetragen.

**verkohlen** verspotten, jemanden an der Nase herumführen.

**verkorkst** »Die janze Sache is verkorkst.«, schief gelaufen, verdreht, ›versaut‹.

**verkosematuckeln** liebkosen.

**verkringeln** flüchten, weglaufen, abhauen.

**verkrümeln, sich** sich vor etwas drücken, sich verstecken.

**verkrunkeln** zerknittern.

**verkudelt** zerzaust.

**verleppern** sein Geld in kleinen Beiträgen vergeuden.

**verloddern** Nebenform zu → *verludern*.

**verludern** verschlampen, sein Äußeres vernachlässigen.

**vermasseln** (jidd. masol = Glück, Glücksstern) »einem die Tour vermasseln«, einen Plan, ein Geschäft etc. zunichte machen.

**vermickert** → *mickrig*.

**vermißquiemt** (frz. mesquin = armselig) kränklich, heruntergekommen.

**vermugeln** vertuschen.

**verpecken** schlagen, durchhauen. Von Pecke = Stock, Gerte.

**verpimpeln** verzärteln.

**verplätten** durchprügeln.

**verplempern** »sein Geld verplempern«, es sinnlos ausgeben, vergeuden. Berliner Kneipen-Spruch: »Mit dit Bezahlen verplempert man dit meiste Jeld.«

**verposamentieren** Geld durchbringen.

**verpusten, sich** Luft schöpfen.

**verquast** »'ne verquaste Jeschichte«, eine verwickelte, zerfahrene Geschichte. Von nd. dwas = töricht bzw. quasen = dumm schwätzen.

**verquer** ungelegen.

**verratzt sein** verloren sein. »Ick bin verratzt und verloren!«

**verrungenieren** oder **verrujenieren** ruinieren.

**verscherbeln** verkaufen, etwas zu Geld machen. Im Sinne von etwas zu »Scherben«, zu Kleingeld machen.

**verschimpfieren** verunstalten.

**Verschiß** »in Verschiß geraten«, in Ungnade fallen.

**verschludern** verschleudern.

**verschmaddern** verschmieren. Von nd. ›schmaddern‹, Nebenform zu ›schmieren‹ und ›schmuddeln‹ (→ *schmuddlig*).

**verschmeißen** verlegen.

**verschrecken** erschrecken.

**verschütt gehen** verschwinden, verloren gehen. Basiert auf nd. schütten = einsperren.

**versieben** verpatzen, durch Ungeschicklichkeit verderben.

**versohlen** durchprügeln.

**versuchsweise geboren** »Dit is versuchsweise geboren.«, ist ein Versuch.

**vertobaken** verhauen.

**verwichsen** verprügeln.

**verzauberte Schrippe** für → *Bulette.*

**verzischen** 1. weglaufen und 2. ein Bier schnell trinken.

**Vettel** alte Frau, Puffmutter.

**viel zu ville** zu viel, mehr als ausreichend.

**Violine** »Dit spielt keene Violine!«, das ist völlig egal, spielt keine Rolle.

**vierdoppelt** vierfach.

**Vogelagathe** Bezeichnung für Frau.

**Vollkornschnitzel** für → *Bulette.*

**von wegen** »Haste jestern wat jetrunken?« - »Von wejen!« (starke Negation, Ablehnung)

**vorbinden (sich jem.)** sich jemanden → *vorknöpfen*, zur Rechenschaft ziehen.

**voricht** vorig. Auch: vorchte Woche, vorchtet Jahr.

**vorknöpfen** »Den knöpp ick ma vor.«, den nehm' ich mir vor, dem lese ich die Leviten, ziehe ihn zur Rechenschaft.

**vorn** »Wo wir sind, ist vorn; wenn wir hinten sind, ist hinten vorn.«

**vorneweg** voraus.

**Vorrede** »Halt da nicht lange mit de Vorrede uff.«, komm zur Sache.

**W**

**wa** für ›nicht wahr‹ hat eine ähnliche Funktion wie in anderen Dialekten ›ne‹ oder ›gel‹ und im Amerikanischen ›okay‹.

**wabbelig** flau, wackelig, quabbelig.

**WC** (ostberl.) ironische Abkürzung für die Centrum-Warenhäuser. Nunmehr WZ? Neuerdings (westdeutsch gewendet) wird das Centrum zum Zentrum: »Det is 'ne Wolke - Kaufhof, vorher Zentrum.«

**Wackelpeter** »Götterspeise« als Nachtisch, umgs. Wackelpudding.

**Wade** »sich die Waden bescheißen« = übereifrig sein. »Ick krieg den Dot in beede Waden.« = Ich lach mich tot.

**wahr** etwas, das »beinah schon nich mehr wahr ist«, ist schon lange her. Wenn einem etwas nicht so ganz angenehm ist: »Dit is nich der wahre Jakob.«

**wälzen** »Dit is ja zum Wälzen.«, zum Kaputtlachen.

**Walzer** »Dit spielt doch keen Walzer!«, das spielt doch keine Rolle.

**Wampe** Bauch. »Sich die Wampe vollschlagen«, sich vollfressen.

**Wamse** Schläge. Man denke an den Wams, der ausgeklopft wird, um den Staub zu entfernen.

**Wanderbulette** Frikadelle im Brötchen.

**Wanstrammeln** Bauchschmerzen.

**Waschfrau** »Grüßen Se Ihre Waschfrau.«, gehen sie Ihrer Wege.

**Waschlappen** Schwächling, Feigling. Ein Dienstmädchen wurde im 19. Jh. als **Waschlappen-Adjutant** bezeichnet.

**Wasser in die Ecke stellen** pinkeln gehen.

**Wasserpollake** Pole. Ursprünglich für Schlesier.

**wegschmeißen** »Dafür hab ick zwanzig Märker wegjeschmiss'n.«, ausgegeben.

**wegschmelzen** 1. abhauen, weglaufen. 2. vor Rührung zerfließen.

**Weiber schaukeln** tanzen.

**weimern** klagen, jammern.

**Weiße** Berliner Weißbier, helles, obergäriges Bier. Mit einem ›Schuß‹ Himbeer- oder Waldmeistersirup versüßt als **Weiße mit Schuß** bekannt.

**Weißkäse** Quark.

**Weltgeschichte** »Da hört sich doch die Weltjeschichte uff.«, da hört sich doch alles auf; Ausdruck der Empörung.

**wenn** »Wenn schon, denn schon.«, emphatische Aussage hinsichtlich einer wenn-dann-Beziehung. »Machste dit heute noch fertig?« - »Na, wenn schon, denn schon!«

**Wettkampf zwischen Bäcker und Schlächter** für → *Bulette*.

**Wichs** übertrieben festliche, elegante Kleidung.

**Wichse** Schläge, Prügel. Auch **verwichsen**.

**Wichser** Angeber.

**Wichsgriffel** Hände, Finger. Die ›Griffel‹ zum ›Wichsen‹, zum Auf-Hochglanz-Bringen, aber auch mit Anspielung auf's Onanieren.

**Wickel** jemanden »bei'm Wickel nehmen bzw. kriejen«, ihn sich → *vorknöppen*. Wickel meint die im Nacken zusammengezogenen Haare.

**widder** wieder.

**wie** für als, sowie, sobald. »Meene Keule is jünger wie icke.«

**wie noch nie** sehr. »Da hab ick jelacht, wie noch nie.«

**Wiese mähen** Haare schneiden. Der Ausruf »Dann ist die Wiese grün!« meint, dann ist meine Geduld am Ende. Abgeleitet von der gleichbedeutenden Spielansage Pik; die Farbe ist im deutschen Kartenspiel grün.

**Willem** Wilhelm. Wer »'nen dicken Willem« macht, der gibt an. Ein **falscher Willem** ist ein falsches Haarteil.

**Wirsing** Kopf.

**Wirtschaft** 1. Haushalt und 2. Aufregung, Unordnung. »Mach doch hier nich so'ne Wirtschaft.

**Wodka** »Wodka schmeckt ooch ohne Zähne.«, ostberl. Spruch.

**Wolke** »Dit is ne Wolke.«, das ist eine → *Wucht*.

**Wonneproppen** 1. ein immer strahlendes Baby. 2. mollige Blondine.

**Wonneschaukel** Hochzeitskutsche.

**Wrasen** Wasserdampf. Nd. Wort, das seit dem 18. Jh. von Berlin aus in die Literatursprache eingedrungen ist.

**Wucht** Tracht Prügel. Als Ausdruck der Anerkennung, des Lobes: »Dit is 'ne Wucht.« Von omd. Wucht = Gewicht, Schwere.

**Wuchtbrumme** ›'ne dufte Biene‹, ein duftes Mädchen.

**Wundertüte** → *Knallkopp*, der immer wieder für Überraschungen sorgt.

**Wuppdich** oder **Wuppdi** Schwung. Ausruf zum Ausdruck einer schnellen und plötzlichen Bewegung.

**Wuppdizität** Geschwindigkeit. Um 1860 in Berlin entstanden.

**wurachen** mit lauten Geräuschen herumarbeiten.

**Würger** Krawatte.

**Wurst** »'ne Wurst fassen«, essen.

**wuschig** 1. ungekämmt und 2. zerstreut, unkonzentriert. Von wuscheln = zersausen, zerknüllen; Nebenform zu gleichbedeutend ›wischen‹.

# Z

**zabberich** eifrig, ärgerlich.

**zach** (nordd., sächs.) zaghaft. Nebenform zu zag = verzagt, verschüchtert.

**Zack** »uff Zack sein«, auf dem → *Kiewief* sein.

**Zacken** 1. ein Stück Brot und 2. wer »'nen Zacken (in der Krone) hat«, der hat einen Rausch.

**Zadder** Bindegewebe im Fleisch. Zähes, mit Sehnen durchsetztes Fleisch ist zaddrig.

**Zahn** auch **steiler Zahn** 1. Freundin, Frau, Geliebte, Partnerin. Wem man rät: »Den Zahn laß da mal zieh'n.«, dem gibt man eigentlich den dezenten Hinweis, daß derjenige sich nichts einbilden soll. 2. auch für den Fernsehturm in Berlin-Mitte.

**Zahnklempner** Zahnarzt.

**Zahnreißer** für → *Bulette.*

**Zankdeibel** zänkischer Mensch.

**Zanktippe** lautmalerisch für Xanthippe, die zänkische Gattin des griechischen Philosophen Sokrates. Verallgemeinernd für eine zänkische Frau.

**zappenduster** 1. sehr dunkel und 2. aus, zu Ende.

**Zaster** Geld.

**Zauber** Schwindel, Aufführung. Kritisch über eine Tätigkeit: »Wat soll'n der Zauber?«

**Zeck spielen** (mhd. Zecke = zwickendes Insekt), Greifen, Haschen, Kriegen, Fangen spielen, wobei der Fänger dem Gejagten einen leichten Schlag geben muß.

**Zehlendorfdollar** Fünfmarkschein. (Mit Anspielung auf die in Berlin-Zehlendorf stationierten US-Soldaten.)

**Zergerei** oder **Zergelei** fortwährende Neckerei. Von nd. tergen = reizen.

**zerknautschen** zerknittern.

**zerknirpseln** »Dir könnt' ick zerknirpseln.«, dich könnte ich ›zerstückeln‹, fertig machen.

**zerpliesert** zersaust.

**Zerquetschte** »Zwanzig Mark und 'n paar Zerquetschte«, ein paar Pfennige.

**zerteppern** zerschlagen, zertöppern. → auch *töppern*.

**Zibbe** eigentlich Ziege, allgemein abfällig für Frau.

**Zicke** »'ne olle Zicke«, dürre, störrische Frau. Auch **Zimtzicke**. »Mach doch keene Zicken.«, stell dich nicht so an oder mach keine Dummheiten. Berl. und omd. Variante zu Ziege.

**Ziehe** Pflege, Erziehung.

**ziepen** an den Haaren zupfen. Nordd. und ostd., gehört zu ›zupfen‹.

**Zierlappe** oder auch **Zieraffe** affektierte Person.

**Zierpuppe** Bezeichnung für eine Frau, die dem Mann als Schaustück dient.

**Zigarrenfritze** → *Fritze*.

**Zille** 1. Spreekahn. 2. Ostberliner Spruch: »Lieber von Zille gemalt, also vom Sozialismus gezeichnet.«

**Zimmerberolina** pompöse Frau, nach der Figur der Berolina vom → *Alex*.

**Zimt** »Mach doch keen' Zimt.«, kein Theater.

**Zimmerlinde** Kollegin.

**Zimtdriese** sich geziert verhaltende Person.

**Zimtzicke** → *Zicke*.

**Zinnober** »Wohin mit dem Zinnober?«, dem Kram.

**Zippe** Zigarette. Wahrscheinlich von ›Zippel‹, der nd. Form zu ›Zipfel‹.

**Zippelwilli** Fleischer. Bezieht sich auf die Wurstenden, die früher mitverkauft wurden.

**Zitterjule** Beifahrerin auf dem Motorrad.

**Zitronenneger** Bezeichnung für Personen des asiatischen Typus.

**Zosse** altes Pferd, auch übertragen auf alte Frauen. Geht zurück auf jidd. sus = Pferd.

**Zottel** verächtlich für Frau. Im Plural Haare. »Laß da mal de Zotteln schneiden.«

**zu** los, vorwärts. »Na, denn man zu.«

**Zuchthauspastete** für → *Bulette*.

**zuckeln** langsam fahren, gehen. Auch »im Zuckeltrab fahren.« Nebenform von ›zockeln‹, das auf ›ziehen‹ beruht.

**Zuckersand** feiner Sand.

**Zumpel** Lappen. Im Plural Haare. → auch *Zotteln*. Beruht auf Lumpen.

**Zündelmänner** Feuerwehrmänner

**Zünder** Nase.

**Zurückzieher** »'n Zurückzieher machen«, etwas zurücknehmen, sich vor etwas drücken.

**zusammentrommeln** einschrumpfen.

**zweidoppelt** doppelt, zweifach gelegt.

**Zwingtöppen** Schuhe. Aus Zwinge = Zange und (Fußball-)Töppen.

**zwitschern** trinken. »een' zwitschern jeh'n«, einen Schnaps trinken gehen.

## Literatur

*Beneke, J.* (1982). Untersuchung zu ausgewählten Aspekten der sprachlich-kommunikativen Tätigkeit Jugendlicher. (Untersucht an Probanden aus der Hauptstadt der DDR, Berlin, und dem mecklenburgischen Dorf Mirow, Bezirk Neubrandenburg. Diss., Akademie der Wissenschaften. Berlin (Ost).

*Brandenburg-Berlinisches Wörterbuch* (1968f.). Berlin (Ost).

*Brendicke, H.* (1895). »Der Berliner Volksdialekt (Fortsetzung der Abhandlung aus dem Jahre 1892).« In: Schriften des Vereins für die Geschichte Berlins 29, S. 115-142.

— (1897). »Berliner Wortschatz zu den Zeiten Kaiser Wilhelm I.« In: Schriften des Vereins für die Geschichte Berlins 33, S. 69-196.

*Bretschneider, A.* (1962). »Ist Brandenburg eine passive Sprachlandschaft?« In: Jahrbuch des Vereins für niederdeutsche Sprachforschung 85, S. 63-110.

— (1973). »Berlin und ›Berlinisch‹ in der märkischen Sprachlandschaft.« In: Jahrbuch für brandenburgische Landesgeschichte 24, S. 68-84.

*Constantin, T.* (1980). Berliner Schimpfwörterbuch. Berlin.

— (1982). Plaste und Elaste. Ein deutsch-deutsches Wörterbuch.

*Danneil, J.F.* (1859). Wörterbuch der altmärkisch-plattdeutschen Mundart. Salzwedel.

*Dittmar, N./P. Schlobinski* (1988). Wandlungen einer Stadtsprache. Berlinisch in Vergangenheit und Gegenwart. Berlin.

*Etymologisches Wörterbuch des Deutschen.* (1989). Erarbeitet von einem Autorenkollektiv des Zentralinstituts für Sprachwissenschaft unter der Leitung von W. Pfeifer.

*Franke, W.* (1957). So red't der Berliner. Ein Sprachführer. Berlin.

*Garbe, H.* (1974). Berlinisch auf Deutsch. München.

*Gebhardt, H.* (1933). Glaßbrenners Berlinisch. Berlin. (Schriften des Vereins für die Geschichte Berlins, Heft 54.)

*Goldbeck, J.* (1957). »Berlinisch auf berlinisch«. In: Muttersprache, S. 209-216.

*Grober-Glück, G.* (1975). »Berlin als Innovationszentrum von metaphorischen Wendungen der Umgangssprache.« In: Zeitschrift für deutsche Philologie 94, S. 321-367.

*Harndt, E.* (1977). Französisch im Berliner Jargon. Berlin.

*Hartig, R.* (1908). Berliner Volks- und Straßendialekt. Mit vielen Beispielen, Redensarten und Gassenfloskeln. Leipzig.

*Heinemann, M.* (1989). Kleines Wörterbuch der Jugendsprache. Leipzig.

*Kluge, F.* (1975). Etymologisches Wörterbuch der deutschen Sprache. Berlin, New York.

*Kruse, D./P. Schlobinski* (1984). »Frequenz- und Bedeutungsanalysen zum Lexikon des Berlinischen. In: Muttersprache 94, S. 330-312.

*Küpper, H.* (1990). Wörterbuch der deutschen Umgangssprache. Stuttgart.

*Lachmann, F.R.* (1928). »Berliner Redensarten.« In: Unser Berlin. Ein Jahrbuch von Berliner Art und Arbeit. Berlin, S. 158-164.

*Lasch, A.* (1928). Berlinisch. Eine berlinische Sprachgeschichte. Berlin.

*Lindenberg, P.* (1887). Berliner geflügelte Worte. Eine Sammlung Berliner Worte und Redensarten. Berlin.

*Mally, A.K.* (1974). »›Piefke‹. Herkunft und Rolle eines österreichischen Spitznamens für die Preußen, Nord- und Reichsdeutschen.« In: Muttersprache, S. 267-286.

— (1984). »›Piefke‹. Nachträge.« In: Muttersprache, S. 313-327.

*Mauermann, S.* (1957). »Die Reichhaltigkeit der Berliner Mundart.« In: Muttersprache, S. 223-229.

*Meyer, H.* (1878/1965). Der richtige Berliner in Wörtern und Redensarten. Berlin.

*Nase, K.* (1937). Icke, dette, kieke mal. Wesen und Werden der Mundart Berlins. Leipzig.

*Ostwald, H.* (1932). Berlinisch. Mit vielen Zeichnungen von H. Zille, K. Arnold und R. Grossmann. München.

*Prochownik, E.* (1980). Da kiekste, wa? Berlinisch, eine Sprache mit Humor. Berlin.

*Schiller, K. / A. Lübben* (1875). Mittelniederdeutsches Wörterbuch. Bremen.

*Schlobinski, P.* (1984). Berlinisch für Berliner und alle, die es werden wollen. Berlin.

— */ H. Schönfeld* (1992). »Zum Gebrauch einiger Berliner Wörter im Westteil und Ostteil der Stadt.« In: Muttersprache 102-2: 114-21.

*Schönfeld, H.* (1986). »Die berlinische Umgangssprache im 19. und 20. Jahrhundert.« In: Berlinisch. Geschichtliche Einführung in die Sprache einer Stadt. Hrsg. von J. Schildt und H. Schmidt. Berlin (Ost).

— (1989). Sprache und Sprachvariation in der Stadt. Zu sprachlichen Entwicklungen und zur Sprachvariation in Berlin und anderen Städten im Nordteil der DDR. Berlin (Ost). (= Linguistische Studien, Reihe A, Nr. 197).

*Thonicke, F.* (1978). Berlinern verboten? Berlin.

*Trachsel, C.F.* (1873). Glossarium der Berlinischen Wörter und Redensarten, dem Volke abgelauscht und gesammelt. Berlin.

*Wiese, J.* (1987). Berliner Wörter und Wendungen. Berlin (Ost).

*Wolf, S.A.* (1956). »Erklärungen einiger Berliner Redensarten.« In: Muttersprache, 56:27-29.

— (1957). »›Det is schnieke‹ und Verwandtes.« In: Muttersprache, 229-231.